TRANSPLANTE INTERNACIONAL DO AMOR
INTERNATIONAL LOVE TRANSPLANT

DIANE OTT

TRANSPLANTE INTERNACIONAL DO AMOR
International Love Transplant
by *Diane Ott*

ISBN: **978-1-935018-30-8**

Copyright © *2010 by Diane Ott*

All rights reserved by *Diane Ott*
Please email the author at: dotpoet3@yahoo.com or dotpoet3@gmail.com for permission to republish or reprint any portion of this book.

PUBLISHED BY:
Five Stones Publishing
A DIVISION OF:
The International Localization Network
randy2905@gmail.com ILNcenter.com

Table of Contents

Agradecimentos 5
Dedicatória 6
Prefácio 7
Introdução 10
Lições Aprendidas 17
Poemas que Deus me deu antes de vir pra cá 19
O Que Guia Você? 19
Senhor, Me Faça Seu Criado 21
Parte 1 23
O Que Você Vê? 25
Através dos Olhos do Senhor 28
Senhor, Aqui Está o Meu Dia 30
As Situações da Vida Estão me Esmagando 31
Senhor, Eu Decido Manter Meus Olhos em Você 33
Parte 2 35
O Transplante de Amor 35
De Braços Bem Abertos 40
Nos Braços do Pai 41
Beleza Por Cinzas 43
Seu Amor Por Mim É Para Sempre 45
Quero Mais Do Seu Caráter Em Você 47
Te Amo 50
Vocês São Meus Instrumentos 53
Sem Dinheiro Em Minha Conta Do Banco 01/06 55
Meu Deus É Um Deus Fiel 56
Senhor, Há Poder Na Sua Palavra 58
Deus, Preciso Do Seu Abraço 60
Senhor, Eu Quero Dizer 62
Vou Em Frente 65
Não Há Montanha Difícil Demais de Escalar 68
Pai Celeste 70
Purifique Meu Coração 72
Que Comandante Supremo Você Vai Escolher? 74

Senhor, Dou Minha Vida a Ti 77
Senhor, Aqui Estou 80
Tua Palavra É Minha Força 82
Uma Oração De Cura 84
Meu Deus é O Deus Fiel 85
Nossa Corrida Na Vida 89
Esse Poema Novembro de 2008 95
Eu Vou Ficar Na Palavra Que Deus Me Deu 97
Meus Olhos Estão em Ti, Oh Senhor 98
Eu Vou Superar, Eu Vou Vencer 102
Minha Auto-Confiança Está Em Ti, Senhor 104
Deus Eu Sei, Que Você Vai Me Curar 106
Oh Senhor, Você é Meu Refúgio 109
Deus, Meu Amigo Verdadeiro 111
Posso Ver Claramente Agora, As Barreiras Se Romperam . 114
Vou em frente alcançar alturas maiores 115
Oh Deus, Meu Amado 117
O Fogo Do Espírito Santo Vem 119
Sonda-Me 121
O Amor Do Meu Deus 123
Eu Posso Ver Claramente Agora,E A Vitória Está Próxima . 125
Senhor, Aqui Estou 128
Louvo Meu Deus 130

Agradecimentos
Acknowledgements

Quero agradecer a todos que me ajudaram com meu livro. Deus usou muita gente, de dois países: Brasil e Estados Unidos. Por isso fica difícil fazer uma lista com todos os nomes. Agradeço a Deus por usar o povo de dois países!

I want to thank everyone that helped me with my book. God used a lot of people from two countries, Brazil and the United States therefore it is difficult to make a list of all the names. I thank God for using people from both countries.

Eu quero agradecer a Filipe Frade, que desenhou meu livro. Que Deus continue abençoando esse dom que Deus lhe deu.

I want to thank Filipe Frade who designed the book cover. May God continue to bless this gift that He has given him.

Dedicatória

Dedication

Este livro é dedicado primeiro para Deus, porque foi Ele que me chamou aqui a Olinda-PE, Brasil, para fazer este transplante do meu coração.

This book is dedicated first to God because it was Him who called me here to Olinda, PE Brazil in order to do my heart transplant.

Segundo, para todas as famílias e crianças do lixão de Olinda. Eles me amaram e me aceitaram e não estavam preocupados com a falta de saber falar Português. Foram eles que me ajudaram a falar com o povo, falar com qualquer pessoa. Agradeço a vocês por fazer parte de meu crescimento nesta vida.

Secondly, to all the families and children that lived in the garbage dump of Olinda. They loved me and accepted me and weren't worried about whether or not I could speak Portuguese. They helped me talk how we talk with each other. Thank you for playing a part in my growth in life.

Terceiro, para todo povo aqui de Olinda e Recife, que fazem parte de meu crescimento nesta vida também.

Thirdly, to everyone here in Olinda and Recife who played a part in my growth in life too.

Prefácio
Preface

Escrever poemas é uma habilidade que parece estar "fora de moda". Eu mesmo tenho muita dificuldade de fazê-lo e confesso ter dificuldade de ler um livro de poesia, mesmo sendo escritor.

Writing poetry is a skill that seems to be "old-fashioned." I, myself, have a lot of difficulty writing them and I confess that is difficult for me to read a poetry book, even though I am a writer.

Diane me mandava regularmente seus poemas sempre que os escrevia. No início eram em inglês, depois passei a recebê-los em português.

Diane would send me her poems whenever she wrote them. In the beginning, they were written in English, and later on she started to send them in Portuguese as well.

Decidi ler o que ela estava me enviando, inicialmente por atenção a minha amiga e irmã em Cristo.

In the beginning, I decided to read them just because she was my friend and sister in Christ.

Ao ler os seus escritos, eu descobri que não falavam de sonhos, hipóteses ou fantasias. Seus poemas eram quase um retrato da alma e de suas experiências com Deus. Neles havia a expressão humana de tristeza, ansiedade, medo, dúvida, angústia. Mas ao mesmo tempo a presença divina a supria de alegria, paciência, segurança, certeza e paz.

But as I read her writings, I discovered that they didn't talk about dreams, hypotheses or fantasies. Her poems were almost a picture of the soul and her experiences with God. In them I could see human feelings like sadness, anxiety, fear, doubt and anguish. At the same time, God was supplying happiness, patience, security, certainty and peace.

A intensidade e clareza com que Diane descreve a vida cristã e sua proximidade com Deus, nos leva a pensar que Deus a trata como se ela fosse uma filha predileta. Na verdade, ela se sente assim mesmo, e cada cristão verdadeiro deve sentir o mesmo, pois o amor de Deus é pessoal e dedicado particularmente como se fôssemos filhos únicos.

Diane describes the Christian life and her proximity to God with such intensity and clarity that it lead us to believe that God treats her as if she was His favorite daughter. Actually, she feels exactly this way and each true Christian should feel the same. The love of God is personal and everyone should feel as though he was the only one.

O leitor das poesias e de todas as coisas escritas neste livro irá perceber os detalhes da vida pessoal com Deus da qual um cristão pode desfrutar. Alguns versos podem aparecer desconectados da nossa realidade, outros tão próximos que parecem ter sido vividos por nós mesmos. Eles sempre apresentam a verdade bíblica do Deus eterno e poderoso que ama e cuida de todos os seus filhos.

In this book, you will see the details of a personal walk with God that any Christian can enjoy. Some verses may appear disconnected with reality, while others appear as though it was from our own life. They always present Biblical truths of the eternal and powerful God, who always loves and take cares of all His children.

Recomendo a leitura desses poemas em um ambiente calmo e que permita a reflexão. As rimas e o estilo poético não são o ponto forte. A vida com Deus, o poder e orientação do Espírito Santo, a autoridade da Sua Palavra, a liberdade de dizer a Ele o que se sente e a confiança de esperar de Jesus graça e misericórdia são os trilhos que também lhe levarão a adorar e servir.

I recommend that you read these poems in a peaceful environment so you can reflect on them. Don't let the poetical style be the focus. Instead, pay attention to the details of a life with God; the power and orientation of the Holy Spirit; the authority of the His Word; the freedom to express our feelings to God and the confidence of waiting for Jesus' grace and mercy. These are the roads that will lead you to adore and to serve God.

Sérgio Paulo Ribeiro Lyra, DMin

Pr. Sérgio Lyra srlyra@gmail.com
Senior Pastor of the First Presbyterian Church of Casa Caiada Olinda, PE– Brasil

Introdução

Introduction

Quando você viu o título deste livro 'Transplante Internacional de Amor', você provavelmente pensou, "Que será que ela quer dizer com isso?"

When you saw the title of this book, International Love Transplant, you were probably thinking, "What in the world does she mean?"

Será que significa que Deus transformou o amor dela pelos EUA em amor pelo Brasil?

Does it mean that God transplanted her love for the U.S.A. with a love for Brazil?"

Ao contrário, amo ambos os países da mesma maneira.

On the contrary, I love both countries equally.

Nunca poderia colocar um na frente do outro, mesmo quando se trata dos Jogos Olímpicos ou da Copa Mundial de Futebol.

I could never choose one over the other even when it comes to the Olympics or the Soccer World Cup.

Quando as pessoas dizem, "Ah, você naturalmente torce pelos Estados Unidos da América", eu só digo, "Não, estou torcendo pelos dois."

When people say,"Oh, you are cheering for the US naturally." I simply say, "No, I'm cheering for both."

"Quem quer que jogue melhor merece vencer."

"Whoever does the best job deserves to win."

Me sinto honrada porque Deus me concedeu um amor natural pelo Brasil – um amor que sinto como se tivesse morado aqui a minha vida toda.

I am honored that God has given me a natural love for Brazil---a love that you feel as if you've lived here all of your life.

O Brasil sempre terá um lugar especial no fundo do meu coração; especialmente Olinda, Pernambuco, onde o transplante internacional do amor aconteceu.

Brazil will always have a special place deep in my heart, especially Olinda, Pernambuco where the international love transplant took place.

É isso – o coração! O coração é o símbolo mundial do amor, não é? Você já parou e se perguntou por que uma pessoa escolheria o coração para representar o amor? Aqui está minha reposta:

That's it- the heart! The heart is a worldwide symbol of love, isn't it? Did you ever stop and ask yourself why a person would choose a heart to represent love? Here's my response.

Eu indaguei o que nos acontece quando nossos corações param de bater. É claro que morremos, a não ser que alguém nos ressuscite.

I questioned what happens to us when our heart stops functioning. Naturally, we die unless someone resuscitates us.

A função do coração é bombear nosso sangue para todos os órgãos. Se uma válvula estiver obstruída, então um dos nossos órgãos não recebe nutrientes suficientes e começam as complicações.

The heart's function is to pump our blood to all of the organs. If a valve is blocked, then one of our organs is not getting enough nourishment and complications set in.

Os médicos tentam corrigir o defeito por meio da cirurgia, podendo ser um transplante de coração ou o conserto das artérias obstruídas. Isto faz com que o nosso sangue flua livremente de novo, suprindo os outros órgãos com nutrientes apropriados. Uma vez corrigido, a vida pode voltar ao normal, talvez tendo que tomar remédios ou seguindo uma rotina específica. O fato é: ainda estamos vivos e funcionando.

Doctors try to correct it through surgery, be it a heart transplant or repairing blocked arteries. This helps our blood to flow freely again, giving proper nourishment to the other organs. Once corrected, life can be back to normal by possibly taking medication or following a specific routine. The bottom line is: We are still alive and functioning.

O.K., então você pergunta, "O que isso tem a ver com amor?" Pergunte a si mesmo, "Quais são os ingredientes principais do amor?" eu acho que eu nunca pensei sobre isso.

Okay, so you're asking, "What does this have to do with love?" Ask yourself, "What are the main ingredients in love?" I know I have never thought about this.

Uma geração após outra nos passou uma versão deturpada do amor.

Generations upon generations have given us a distorted view of love.

Se vivemos numa casa cheia de fúria e censura, aprendemos que esta é uma forma normal de amor e então, mais tarde, a levamos para dentro dos nossos relacionamentos.

If we live in a house filled with rage and criticism, we learn that this is a normal form of love, and therefore bring this into our relationships later on.

Achamos que se não tivermos o abuso físico e verbal do nosso parceiro, ou amigos, então não estamos sendo amados ou vice versa.

We think that if we do not have the physical and verbal abuse from our partner, or friends, then we are not loved or visa versa.

Aprendemos a amar censurando, gritando, batendo, escondendo nossos sentimentos, etc.

We have learned to love by criticizing, yelling, hitting, holding things in, etc.

O amor verdadeiro deve te encorajar a falar honesta e amorosamente, porque você realmente deseja que a pessoa se dê bem. No amor você também deve escutar, se comunicar com ações positivas, perdoar, ser humilde, compassivo, confiável, bondoso e clemente.

True love should be encouraging; speaking the truth in love, because you truly want the person to succeed. Love should include listening, communicating with positive actions, being forgiving, being humble, compassionate, trustworthy, gracious and merciful.

O amor não é somente ir para a cama com alguém e fazer sexo, ou ter um bebê, como ensinam na televisão e nos filmes. Se você for pra cama com alguém, curta este momento íntimo. As pessoas são incentivadas a fazer sexo e depois procurar outro.

Love is not just going to bed and having sex with someone, or having a baby as we have been taught by TV and movies. They teach us if you go to bed with someone, enjoy that intimate moment. People are encouraged to have sex and then move on to the next person.

Se houver um problema no relacionamento – não tente resolve-lo, é difícil demais, basta acabar e procurar outro. Fique com raiva, não perdoe. "Amarei você se você fizer isso comigo." Isto é amor, ou será que é o que a sociedade nos ensinou em letras de músicas, televisão, filmes, etc...?

If there is a problem in the relationship—don't work it out. That's too hard--just end it and move on. Keep the anger –don't forgive. "I will love you if you do this for me." Is that love, or is it what society has taught us through songs, TV, movies, etc...?

Bem, se você realmente pensar sobre tudo isso, só existe uma pessoa verdadeira que nos dá amor incondicional, e essa pessoa é Deus.

Well, if you really think about it, there is only one real person that shows us unconditional love, and that is God.

Seu amor não é somente incondicional, mas é eterno! É isso, a Bíblia diz que nada, nada mesmo, pode nos separar do Seu amor.

Not only is His love unconditional, but it is everlasting! Yes, the Bible says that nothing, no nothing, can separate us from His love.

O amor dele é cheio de piedade e compaixão. Ele não remói os nossos defeitos, mas se concentra no nosso potencial! Ele tem bons planos para nós, planos para uma esperança e um futuro! Ele perdoa e não fica pensando nos nossos erros. Pergunte a si mesmo, "A gente também faz isto?" Eu quero o tipo de amor que nunca tive.

His love is full of mercy and compassion. He doesn't dwell on our faults, but dwells on our potential! He has good plans for us, plans for a hope and a future! He forgives and doesn't keep accounts. Ask yourself, "Do we really do that?" I want that kind of love, the kind I never had.

Sendo uma Cristã há muito, muito tempo, eu sabia citar todos os versículos certos sobre como Deus nos ama incondicionalmente e nunca lembra nossos erros e pecados, uma vez confessados. Mas lá no meu íntimo eu sabia. Quanto mais eu clamei por seu caráter viver em mim, tanto mais ele dizia, "Você precisa reconhecer meu amor no seu coração, não somente nas Escrituras." É assim.

Being a Christian for a long, long time, I knew all the right verses to say about how God loves us unconditionally and never remembers our faults and sins once we acknowledge them. But I knew it in my head. The more I cried out to God for His character to live in me, the more He said, "You need to know my love in your heart not just in Scriptures."

Ele me levou até Olinda, Pernambuco, para fazer este transplante de amor. Isto aconteceu cerca de sete meses depois da minha chegada.

He took me all the way to Olinda, Pernambuco to do this love transplant. It happened about seven months after I arrived.

Veja, eu precisei de a uma cirurgia emergencial de remoção parcial da tireóide e foi naquela noite, quando estava dormindo no hospital, que Deus falou comigo. Suas palavras: "Hoje você não só teve uma cirurgia da tireóide, mas do coração também;" uma cirurgia que removeu minha ideia deturpada sobre o amor e a substituiu com Seu amor para agora poder ser capaz de receber amor. Obrigada, Deus! Este novo coração, semente do seu amor, está crescendo cada vez mais!

You see, I had to have an emergency partial removal of my thyroid and it was that night in the hospital that God spoke to me as I was sleeping. His words: "Today you didn't just have thyroid surgery but heart surgery as well." This surgery removed my distorted version of love and replaced it with His love so that I would now be able to receive love. Thanks, God! That new heart, the seed of His love, is growing and growing!

Estes poemas, cantigas e pequenas seleções representam meus conceitos sobre o amor de uma perspectiva muito mais saudável. Venha comigo nesta viagem a um novo coração e um novo amor. Veja como o amor de Deus me guardou durante todas as minhas aflições. A Palavra que ele nos dá hoje precisa criar raízes e bases no seu amor – deixe as raízes do amor dele em você crescerem tão resistentes (fortes) na sua existência que nenhuma tempestade da vida possa destruir você!

These poems, songs and little tidbits represent my views on love from a much healthier perspective. Take this journey of a new heart and love with me. See how God's love has kept me throughout all my trials. The Word He is telling us today is to be rooted and grounded in His love---let your roots of His love be so thick in your life that no storm in life will destroy you!

Lições Aprendidas
Lessons Learned

Você já sentiu que nunca andará na totalidade do amor de Deus porque têm coisas na sua vida que estão lhe atrapalhando? Eu sei que eu tinha.

Ever feel that you will never be able to walk in the fullness of God's love because you have things in your life that are handicapping you? I know I did.

Aqui vão algumas lições que eu aprendi com o livro de Hannah Humard, *Hinds Feet on High Places*.

Here are some lessons that I had learned from Hannah Hurnard's book "Hinds Feet on High Places."

Deus transformou todos os obstáculos e desvantagens dela para a glória Dele! Como? Ele realizou um transplante de amor – exatamente como fez comigo. Aqui estão as lições que ela aprendeu a caminho da experiência do amor verdadeiro de Deus.

God transformed all her obstacles, handicaps, into His glory! How? He did a love transplant---just like He did with me. Here are the lessons she learned on her way to experience God's true love.

Primeiro, aceitar com alegria tudo que Deus permitir que aconteça com ela. Ela nunca deveria tentar fugir, mas aceitar e colocar sua própria vontade no altar e dizer, "Aqui estou, Aceitação com Alegria".

First, to accept with joy everything that God allowed to happen to her. She was never to try to evade it, but to accept it; to lay down her own will on the altar and say, "Here I am Acceptance with Joy."

Segundo, ela precisa suportar tudo que os outros eram autorizados a fazer contra ela e perdoar sem um único traço de amargura e dizer, "Aqui estou, suportando com Amor para poder ser capaz de receber a força para extrair o bem desta maldade."

17

> Second, she must bear all that others were allowed to do against her and to forgive with no trace of bitterness and saying "Here I am –Bearing with Love, that I may receive power to bring good out of this evil."

Terceiro, que Deus nunca a viu como ela era, com todas as suas imperfeições e defeitos. Em vez disto, ele viu o potencial dela e sempre a tratou como se fosse uma rainha e não aquela infeliz com Muito Medo.

> Third, that God never regarded her as she actually was with all her imperfections and faults. Rather, He saw her potential and always treated her as if she was a queen and not the wretched Much Afraid.

Quarto.cada situação na vida, não importa quão torta, distorcida e feia possa parecer, pode ser transformada se você reagir com amor, perdão e obediência, de acordo com a vontade de Deus.

> Fourth, every situation in life, no matter how crooked and distorted and ugly it appears to be, if reacted to in love, forgiveness and obedience to God's will can be transformed.

Foram estas lições que permitiram que Deus fizesse o transplante e a mudança de paralisada com Muito Medo para Graça e Glória com Patas de Cervo. (Habacuque 3:19) "O Senhor Deus é a minha força; dar-me-á a segurança da corrida da corça e pôr-me-á a salvo sobre a montanha. (Linguagem de Hoje)

> It was these lessons that allowed the Lord to do the transplant and change her from the crippled Much Afraid into Grace and Glory with hind's feet. Habakkuk 3:19 "The Sovereign LORD is my strength! He makes me as surefooted as a deer, and bring me safely over the mountains."

A promessa de Deus para ela: aceite e obedeça a Lei do Amor e nada será capaz de separar você de mim ou paralisá-la novamente.

> God's promise to her: Accept and obey the Law of Love, and nothing will be able to separate you from Me or cripple you again.

Poemas que Deus me deu antes de vir pra cá
Poems that God gave me before I came here.

O Que Guia Você?
What Do You Stand On?

Você se guia pela sabedoria do homem?
Ou será que você depende da Palavra de Deus?

Do you stand on the wisdom of man?
Or is it on God's Word that you depend?

Você sucumbe ao medo que as situações geram?
Ou será que seu tranqüilizante é a promessa de que
Deus nos dá paz além da nossa própria compreensão?

Do you fall prey to the fear that situations instill?
Or is it the promise that God gives peace beyond our own understanding that
becomes your sedative pill?

Você se baseia na falsa esperança e desconfiança?
Ou será que você confia na promessa de Deus para um
futuro e a esperança, com base no bem e
não na maldade?

Do you stand on false hope and mistrust?
Or is it on God's promise of a future and a hope, based on
good and not evil that you put your trust?

Você se permite ser dirigido por palavras que
os outros lhe dizem?
Ou é na palavra de Deus, que diz: "Nós somos a
criação Dele, recriados em Cristo", que
você confia?

19

Um exemplo da beleza de Deus em tudo que você pensa, diz e faz.

*Do you allow yourself to be formed by words that others speak to you?
Or is it on God's Word that says, "We are His workmanship, created anew in Christ,", that you stand on?.
An example of God's beauty in everything you think, say and do.*

Sempre se pergunte "em que me baseio?"

Always ask yourself on what do I stand?

Em palavras destrutivas e promessas não cumpridas ou Nas palavras construtivas de Deus que fortalecem como era o plano Dele?

*On destructive words and broken promises or
On God's Words that build up and strengthen,
as it was His plan?*

Porque grandes são os planos que Ele tem para você e para mim; Apenas confie na Sua Palavra e observe como Ele lhe transforma na imagem Dele e no que Ele quer que você seja!

*For great are the purposes He has for you and me
Just rely on His Word and watch Him transform you
into His image and what He wants you to be!*

30-03-03

Senhor, Me Faça Seu Criado

Lord, Make Me Your Servant

Oh Senhor, me faça Teu criado que descobre aqueles que estão perdidos e incapazes de ver;
Para eu dividir com eles que Você tem um plano para eles para que possam ser tudo que Você quer que sejam!

Oh Lord, make me Your servant that seeks out those who are lost and unable to see;
So that I would share with them that You have a plan for them to be all that You want them to be!

Deixe-me ir e alcançar aqueles que estão desassossegados e nunca experimentaram amor verdadeiro;
Permita-me mostra-lhes como Você pode restaurar e lhes dar Tua ternura e a paz de uma pomba.

May I go and reach the ones that are restless and have never experienced true love;
Allow me to show them how you can restore and give them Your gentleness and peace like a dove.

Envie-me, Senhor, e use-me para remendar os de coração quebrado e libertar os cativos;
Use-me, Senhor, para mostra-lhes como depender somente de Você e não de mim.

Send me, Lord, and use me to mend the broken-hearted and to set the captives free.
Use me, Lord, to show them how to depend on You alone and not me.

OH Senhor, deixe-me ser obediente para sempre compartilhar sobre Você, não importa quem vejo ou para onde for;

Senhor, só permita deixar flui constantemente Seu Espírito Santo, não o meu!!!!!!

*Oh Lord, let me be obedient to always share about You no matter who
I see or where I go.
Lord, only allow Your Holy Spirit, not mine,
to continually flow!!!!!!*

Parte 1
Preparações Para O Transplante de Amor

Part 1
Preparations For he Love Transplant

Estes são poemas e letras de cantigas que escrevi antes de acontecer o verdadeiro transplante de amor. São gritos do coração. Veja como Deus estava me preparando para receber Seu transplante de amor. Oro que Deus use estes poemas e letras para preparar você também para receber o transplante do Seu amor, trocando sua versão deformada do significado do verdadeiro amor, por Sua versão verdadeira.

These are poems or lyrics to songs that I had written before the actual love transplant took place. They are cries from the heart. See how God was preparing me to receive His love transplant. It is my prayer that God would use these poems and lyrics to prepare you as well to receive a transplant of His love, exchanging any warped version of what the true meaning of love is for His true version.

Sexta-feira conversei com um homem no lixão, o que me inspirou a escrever este poema. Como pano de fundo, aqui está o que aconteceu:

> *From a conversation that I had with a man in the rubbish dump on Friday, I was inspired to write this poem. Here's what happened.*

Eu estava organizando o material médico no nosso pequeno espaço do lado de fora de uma casa no lixão, quando este homem idoso me perguntou o que eu pensava sobre o Brasil e sobre ele. Ele me perguntou se eu o achava inútil, mais um entulho, porque ele vivia no lixão. Ele perguntou: "Você me vê como perdedor porque não tenho emprego e nenhuma instrução?"

> *I was setting up the medical stuff in our little space outside of a house inside the dump when this older man asked me what I thought of Brazil and him. He asked me if I thought he was invaluable; a piece of rubbish, because he lived in the dump. He said, "Do you see me as a loser, because I don't have a job and don't have an education.*

Eu respondi que eu o via como valioso e precioso! Deus tinha me dado uma visão e me dito que eu iria para o lixão para ajudá-los a ver que são jóias raras, valiosas e preciosas. Por favor, ore por eles para poderem ver e crer que são valiosas e um grande bem para este mundo, apesar das suas circunstâncias atuais. Obrigada!

> *I told him that I saw him as valuable and precious! God had given me a vision and told me that I would go into the dump to help them see that they are valuable and precious rare gems. Please pray for them to see and believe that they are priceless and are a great asset to this world despite their present circumstances. Thanks!*

O Que Você Vê?

What Do You See?

Quando você olha nos olhos dos outros, o que você vê?

When you look into the eyes of others what do you see?

Você os vê como estranhos, sujos, inúteis?

Do you see them as strange, dirty; a nobody?

Ou como parte da criatividade linda e elegante de Deus?

Or as a part of God's Beautiful, Elegant Creativity?

Você olha além das suas aparências externas e só enxerga seus corações?

Do you look beyond their outward appearances and look at their heart?

Ou você traz morte para suas vidas com as palavras rudes dos seus comentários?

Or do you speak death into their lives with your crude remarks?

Você vê os outros como jóias preciosas?

Do you see others as precious jewels?

Ou você só os vê como simples trouxas?

Or do you see them as just plain fools?

Quando Jesus olha nos olhos de todos os homens,

When Jesus looks into the eyes of all men;

Ele vê diamantes raros, as jóias mais preciosas!

He sees rare diamonds, the most precious of gems!

Ele vê além das aparências externas e olha no fundo dos seus corações;

He sees beyond the outward appearances and looks deep into their hearts.

Seu amor incondicional, Sua compaixão e *Graça, Ele sempre concede!*

His unconditional love, His mercy and grace to them He always imparts!

Ele vê o potencial e todos os dons dos homens;

He sees the potential and all of men's gifts.

Os rótulos pregados numa vida pelos outros, Ele quer remover.

The labels put on a life by others He wants to lift.

Porque seu conceito de todos os homens não é que são desprezíveis, uma desgraça para toda humanidade;

For His vision of all men is not that they are worthless, a disgrace to all mankind

Seu conceito é que cada um de nos é uma jóia rara, sim, todos iguais!

His vision is that we are each rare gems, yes one of a kind!

7-20-04

Através dos Olhos do Senhor
Through The Lord's Eyes

Quando olhei para dentro do riacho, o que vi?
Vi os olhos amorosos e piedosos de Deus olhando diretamente para mim.

When I looked into the brook, what did I see?
But the Lord's loving, compassionate eyes looking back at me.

Ele falou, "Meu filho, enquanto você estava olhando dentro do riacho, queria que você visse como você parece para mim."

He said, "My child as you gazed into the water brook;
I wanted you to see how to Me you looked."

Porque o reflexo que você viu não era de você, mas de mim,
Porque você foi feita somente a Minha imagem e é só isso que você deveria ver.

For the reflection that you saw was not of you but of Me;
For you were made in My image alone, and that is what you should only see.

Uma vida cheia de minha piedade, compaixão e Amor.
Uma vida cheia de minha humildade e ternura como a de uma pomba

A life full of My mercy, compassion and love;
A life full of My meekness and gentleness as like a dove.

Uma vida que é digna de proclamar
Meu nome;
Uma vida na qual Meu caráter sempre ficará.

A life that is worthy to proclaim My name;
A life in whom My character will always remain.

Então, quando você olhar no riacho, lembre-se
do que você vê:
Minha bela criação modelada a Minha imagem!

So when you gaze into the water brook remember what you see;
My beautiful creation formed into the likeness of Me!

Senhor, Aqui Está o Meu Dia

Lord, Here's My Day

Senhor, aqui está o meu dia.
Fale comigo na Sua maneira especial!

Lord, here's my day;
Speak to me in Your own special way!

Use-me como Seu instrumento onde quer que eu vá e no que fizer.
Quero Seu amor, Sua piedade, graça e compaixão, sempre fluindo!

Use me as Your instrument wherever I go and in whatever I do;
I want Your Love, Mercy, Grace and Compassion to constantly flow through!

Oh, Deus de maravilhas, faz milagres hoje!
Dá-me sabedoria espiritual e discernimento, eu suplico!

Oh God of Wonders, do miracles today.
Give me Spiritual insight and discernment I pray!

As Situações da Vida Estão me Esmagando

Life's Situations Crashing Over Me

Senhor, eu olho para o oceano e o que vejo?
As situações da vida me esmagando.

Lord as I look at the ocean, what do I see?
Life's situations crashing over me.

Às vezes penso que não posso suportar,
mas sei que Você me segura nas palmas
das Suas mãos

Sometimes I think that I can't withstand,
But I know You will hold me in the palms of Your hands.

Pois Você é meu protetor, meu escudo e
minha força,
Confio em Você para me ajudar a avançar
grandes distâncias

For You are my protector, my shield and my strength.
I will trust in You to move me on in great lengths.

Sua palavra me sustenta, sei que ela é verdadeira,
me dando força para vencer

Your Word sustains me; I know that it's true;
Giving me strength to make it through.

Senhor, tome minhas mãos e me eleve bem alto,
pois só com a minha força nunca vencerei, não importa
quanto eu tente

Lord, take my hands and lift me up high;
For in my own strength I'll never make it no matter how hard I try.

Abrace-me agora com Seus braços amorosos,
porque aí é o meu lugar

Embrace me now in Your loving arms;
For it is in them that I belong.

Você nunca me deixará, sei que é verdade.
Sua Palavra diz que você me ajuda

You will never leave me, I know that is true.
Your Word says that You will see me through.

04-12-04

Senhor, Eu Decido Manter Meus Olhos em Você

Lord, I Choose To Keep My Eyes on You

Senhor, eu decido manter meus olhos em Você.
Você me dará Sua graça para sobreviver!

Lord, I choose to keep my eyes on You;
You'll give me Your Grace to pull me through!

Embora surjam tempestades e venham
os transtornos,
Senhor, eu agradeço por tudo que Você fez!

Though storms arise and distractions come,
Lord, I thank you for all You have done!

Você é o Senhor – Sua graça me sustenta.
Isso me tranquiliza!

You are the Lord---Your grace sustains me.
It puts my worries at ease

Sua Palavra faz cair minhas montanhas.
Ela me dá força para ficar decididamente
erguida e segura de mim.

Your Word makes my mountains fall.
It gives me strength to stand up sturdy and tall.

Senhor, eu venho ao Seu altar agora.
Aos Seus pés humildemente me curvo.

Lord, I come to Your altar now;
At Your feet I humbly bow.

Peço, Senhor: enche meu cálice até transbordar.
Deixa Seu caráter em mim ser Radiante e
Incandescente!

I ask You, Lord, to fill my cup to overflowing;
Let Your character in me be Radiant and Glowing!

Enche meu cálice, Senhor, com Sua Graça e Piedade.
Senhor, vem agora, pois estou com sede!

Fill my cup Lord with Your Grace and Mercy;
Lord, come now, for I am thirsty!

Oh, Senhor, agradeço por tudo que Você
tem feito.
Contigo sempre ao meu lado, a Vitória
foi obtida!

Oh Lord, I give You thanks for everything You've done.
With You always by my side, the VICTORY has been Won!

11-2004

Parte 2
O Transplante de Amor

Part 1

The Love Transplant

Estes são poemas e letras de cantigas que escrevi depois de acontecer o verdadeiro transplante de amor. São gritos do coração. Oro que Deus use estes poemas e letras para preparar você também para receber o transplante do Seu amor, trocando sua versão deformada do significado do verdadeiro amor, por Sua versão verdadeira.

These are poems or lyrics to songs that I had written after the actual love transplant took place. It is my prayer that God would use these poems and lyrics to prepare you as well to receive a transplant of His love, exchanging any warped version of what the true meaning of love is for His true version.

Os poemas, 'De Braços bem Abertos' e 'Nos Braços do Pai' estavam entre os primeiros poemas que escrevi em Olinda, PE, Brasil e são muito significativos para mim. Deixe-me explicar.

The poems: "Arms Opened Wide" (De braços abertos), and "In The Fathers Arms" (Nos braços do Pai) were among the first poems that I wrote in Olinda, PE, Brazil and are very significant to me. Let me explain.

Depois de ter estado aqui no Brasil por pouco tempo – aproximadamente três meses – descobri que precisava ter uma cirurgia de emergência para remover tumores na minha tireóide. Naturalmente, orei e acreditei, junto com outras pessoas, que Deus iria me curar. Mas Ele tinha planos diferentes, como Isaías 55:8-10 diz com perfeição. Os caminhos d'Ele são melhores que os meus.

After only being here in Brazil for a short time---approximately 3 months---I found out that I had to undergo emergency surgery for removal of tumors in my thyroid. Naturally, I prayed and believed, along with others, that God would heal me. He, however; had different plans as Isaiah 55:8-10 says His ways are better than my ways.

Deus me esclareceu em sonho uma noite, mesmo antes de eu saber que teria que fazer a cirurgia, que iria fazê-la e mostrou até o hospital onde aconteceria. Foi difícil para todos aceitar isso como fato, mas eu disse que era da vontade de Deus que eu fizesse a cirurgia. O que eu não sabia era que não seria apenas uma cirurgia física, da tireóide, mas também espiritual - do coração. A cirurgia espiritual era para quebrar as antigas barreiras da minha vida que impediam a entrada do amor de Deus.

God showed me in a dream one night, even before I knew that I would have surgery, that I was going to have surgery here and even showed me the hospital where I would have it. It was hard for everyone to accept when I told them that I believed that God wanted me to go through the surgery. My faith was questioned but I knew if God wanted to heal me He could do it supernaturally or heal me through the surgery. Little did I know, this surgery just wasn't only going to be a physical surgery, but it was going to be a spiritual surgery as well. The spiritual surgery was to tear out and break down those roots and barriers in my life that hindered me from receiving God's love.

Veja, mesmo sabendo na minha cabeça que Deus me amava, na verdade eu não sabia no meu coração. Por causa do meu passado, eu tinha realmente bloqueado seu amor, poderíamos dizer que eu rejeitava seu amor por mim, se você me entende.

You see, even though I knew in my head that God loved me, I really didn't know this in my heart. Due to my past, I had really blocked out, you could even say that I rejected His love for me---if you know what I mean.

Eu sempre evitava abraços, especialmente se alguém dissesse que representavam o abraço do Senhor para mim em demonstração do Seu amor. A minha percepção e o meu conhecimento do amor era errôneo e Deus queria chagar ao âmago da questão para fazer o conserto. Como me parecia estranho tudo isso, sendo um cristão professo por mais de trinta anos. Na verdade, quanto mais se encobre alguma coisa, mais espesso fica e mais difícil de remover. Fica muito difícil de admitir que aquilo exista. Grossas raízes de rejeição entre gerações, abandono, etc. Agora Deus iria corrigir tudo isso - destruir as coisas negativas - naquela noite da cirurgia do coração.

I would always find myself avoiding embraces and especially if someone said that it represented God embracing me with His love. My perception and knowledge of love was warped and God wanted to go to the very core of the problem now and fix that. How strange after being a Christian for over 30 years acting this way (one might say)- Well, the more you cover something up, the thicker it gets and harder it is to remove. You have a very difficult time acknowledging the problem. Thick roots of generational rejection, abandonments etc....God was now going to destroy these roots that night through the heart surgery

37

Veja, na minha vida Deus usou uma amiga, Cláudia, e sua família. Como? Bem, lá estava eu, uma estrangeira no país deles que falava muito, muito pouco e compreendia muito pouco Português encarando uma cirurgia e Claudia, com o consentimento do seu marido e apoio dos seus filhos, me levou ao cirurgião e a todos os exames, ficou comigo no hospital e me levou para sua casa por uma semana. Eu fiquei muito impressionada com o fato de Cláudia ter ficado comigo no hospital o tempo todo e depois ter me levado para sua casa durante aquela semana. Me lembro de ter pensado na cama do hospital como eu não conhecia esse tipo de amor. Foi aí que Deus me disse, 'a partir deste momento suas raizes/barreiras foram embora e agora você estará a caminho de ser capaz de aceitar e acreditar no Meu amor por você'.

You see God used a friend, Claudia, and her family in my life. How? Well, here I was a stranger in their country who spoke very, very little and understood very little Portuguese facing a surgery. Claudia, with the consent of her husband and backing of her sons, took me to the surgeon and all the tests. She stayed with me in the hospital and took me into her house for a week. I was overwhelmed with the fact that Claudia stayed with me at the hospital the whole time and then took me into her house for that week. I remember on my bed in the hospital thinking how I never knew this kind of love. It was then that God told me that from this moment forward your roots and barriers are gone. You are now on the road to be able to accept and believe My love for you.

Tudo que posso dizer para vocês é que eles me dando amor assim, foi tudo que precisei para quebrar aquelas barreiras grossas que eu tinha erguido entre mim e o amor de Deus por mim.

All I can tell you is that their showing love to me like that was all that I needed to break those thick barriers that I had put up between me and God in receiving His love for me.

Eu agradeço e agradeço para sempre a Deus por realizar duas cirurgias pelo preço de uma! Assim começou minha nova viagem pelo caminho do amor – não foi fácil – mas aquela primeira semente do verdadeiro amor tinha sido plantada e eu recebi aquela nova semente de amor no meu coração para agora poder crescer no amor de Deus!

I thank God over and over again for doing two surgeries for the price of one! So my new journey down the road of love started. It hasn't been easy, but that first seed of true love was planted in my heart so I could now grow in God's love!

Graças a Deus por Cláudia, Alexandre, Filipe e Eduardo por serem instrumentos de Deus na viagem da minha vida, por fazerem parte do meu processo de cura espiritual.

Thank God for Claudia, Alexandre, Filipe and Eduardo for being God's instruments in my life's journey and of course playing the part in my healing process.

Aqui estão os poemas:

Here are the poems:

De Braços Bem Abertos
Arms Opened Wide

Ao entrar na casa, Senhor eu te vejo ao lado em pé;
Você está com um grande sorriso e Seus braços estão bem abertos

As I enter the house, Lord, I see You standing to one side.
You have a big smile and Your arms are opened wide.

Aguardam para me abraçar quando passo
Dizendo-me que você me ama incondicionalmente,
Quando estou feliz e quando choro

They are waiting to embrace me as I walk by;
Telling me that You love me unconditionally;
When I am happy and when I cry.

Tão diferente de todos os abraços que conheço,
Um abraço de cura da mente, do corpo e da alma.

Very different than all the embraces I know;
An embrace healing mind, body and soul.

Senhor, quando vejo Seus braços bem abertos,
Vou correr para eles, pois neles eu quero me esconder!

Lord, when I see Your arms opened wide;
I will run right into them, for in them I want to hide!

28-12-04

Nos Braços do Pai
In The Father's Arms

Aqui estou, Senhor, Sua filhinha preciosa;
Correndo para Seus braços para Você poder me levantar e me girar numa grande roda!

Here I am, Lord, Your precious little girl;
Running towards Your arms so You can pick me up and
turn me around with one big swirl!

Olhando para dentro dos Seus olhos eu vejo
O tão profundo amor que Você tem por mim!

Gazing into Your eyes I see
The deep, deep love that You have for me!

Quando você termina de me girar e me envolve nos Seus braços amorosos,
Eu sei que estou segura ao saber que estou livre de todo mal!

When You stop twirling me around and embrace me in Your loving arms;
I know that I am secure and I am free from harm!

Pois seu abraço está cheio de amor,
delicado, mas apertado,
Aprendi que é um abraço que
não preciso temer

For Your embrace is full of love, it is gentle yet firm.
An embrace that I need not fear is what I have learned.

41

Um abraço amoroso tão suave e carinhoso;
O abraço que guardo como tesouro e que simplesmente não podia encontrar.

A loving embrace that is so gentle and so kind.
One that I treasure---one that I could not just find!

Assim, obrigada, Senhor, pelos Seus braços amorosos e

So, thank You, Lord, for Your loving arms and

(Este foi Deus que tirou da mensagem que eu recebi no e-mail e colocou dentro este poema, que está dentro da pasta dos meus poemas. Foi Deus mesmo!)

(This was God who took this from an e-mail message that I received and put it here in this poem that was in my poems folder. It was definitely God!)

Portanto, use-as para o seu benefício, olhe para as positivas possibilidades que elas te oferecem e – pela graça de Deus – siga em frente rumo à concretização dos seus sonhos.
Para Meditação: Espere no Senhor. Seja forte! Coragem! Espere no Senhor. Salmos 27:14)

suave abraço;

gentle embrace;

Pois é neles que fico segura para concluir a corrida!

For it is in them I stand secure I will finish the race!

28-12-04

Beleza Por Cinzas
Beauty For Ashes

Oh, Senhor, a beleza da Sua Presença
inunda minha alma.
Dando-me alegria pelas minhas mágoas,
transformando-me de um pedaço de carvão em Seu
Raro, Precioso Diamante!

Oh Lord, the beauty of Your Presence just engulfs my soul.
Giving me Joy for my sorrows, transforming me into Your Rare,
Precious Diamond from a piece of coal!

Você me dá Beleza pelas minhas cinzas, um manto de
louvor pelo meu desespero.
Você tira TODO o meu peso – uma vida NOVA Você
preparou para mim.

You give me Beauty for my ashes, a garment of Praise for my despair.
You lift ALL my burdens - a NEW life for me you have prepared!

Uma vida da qual Seu Amor em mim fluirá para
TODOS os homens.
Ensinando-os que Você é Fiel e Amoroso e que com
isso eles Sempre podem contar!

A life where Your Love in me will flow out to ALL men.
Teaching them that You are Faithful and Loving and on that
they can Always depend!

Senhor, Sua presença destrói qualquer plano que
Satanás possa ter.
Porque Sua presença sempre faz algo de bom do mau!

Lord, Your presence destroys every plan that Satan has.
For it always makes something good out of bad!

Oh Senhor, a beleza da Sua Presença
inunda minha alma.
Dando-me Alegria pelas minhas mágoas,
transformando-me de um pedaço de carvão em
Seu Raro, Precioso Diamante!

Oh Lord, the beauty of Your Presence just engulfs my soul.
Giving me Joy for my sorrows, transforming me into Your Rare,
Precious Diamond from a piece of coal!

Seu Amor Por Mim É Para Sempre
Your Love For Me Is Forever

Seu amor por mim é para sempre,
Sim, Seu amor por mim é verdadeiro!

Your Love for me is forever.
Yes, Your Love for me is true!

Seu amor por mim é para sempre,
Puro, infinito e verdadeiro!

Your Love for me is forever;
Pure, Unending and it's true!

Sua piedade, Senhor, Você já me mostrou,
Sua graça me acompanhou.

Your Mercy, Lord, You have shown me.
Your grace has brought me through.

Sua piedade, Senhor Você já me mostrou;
Graça que me sustenta
Misericórdia que me acompanha!

Your mercy, Lord, You have shown me;
Grace that sustains me;
Mercy You have shown!

Seu espírito, Senhor, está aqui agora
Curando feridas profundas no meu coração!

Your Spirit, Lord, is here now
Healing deep wounds in my heart

Sua presença está ficando mais forte
Obrigada, Senhor, pela Sua graça!

Your presence is getting stronger.
Thank You, Lord, for Your grace!

Seu amor por mim é para sempre,
Sim, Seu amor por mim é verdadeiro!

Your love for me is forever.
Yes, Your Love for me is true!

Seu amor por mim é para sempre,
Puro, infinito e é verdadeiro!

Your love for me is forever;
Pure, Unending and it's true!

04-05

Quero Mais Do Seu Caráter Em Você

Want More Of His Character In You

Que nesse momento você seja verdadeiramente abençoado;
Com todo o amor de Deus e sua retidão!

At this time may you be truly blessed;
With all of God's Love and His Righteousness!

Que você possa andar na Sua paz e em Seu amor,
Irradiando Sua suavidade como a de uma pomba!

May you walk in His peace and His love;
Radiating His Gentleness like a dove!

Coro:

Chorus:

Quero mais, quero mais, quero mais do
Seu caráter em você;
Quero mais, quero mais, quero mais do
Seu caráter em você.

Want more, want more, want more of His character in you.
Want more, want more, want more of His character in you.

Que você se achegue ao peito Dele
e encontre descanso;
Que você possa retirar sua força Dele
para passar as lutas!

May you draw near to His Bosom and find rest.
May you draw your strength from Him to withstand the tests!

Que você veja Seus planos para sua vida se revelarem;
Caminhando nos Seus passos e sendo muito valente!

May you see His plans for your life unfold;
Walking in His steps and being very bold!

Coro:

Chorus:

Quero mais, quero mais, quero mais do
Seu caráter em você;
Quero mais, quero mais, quero mais do
Seu caráter em você

Want more, want more, want more of His character in you.
Want more, want more, want more of His character in you.

Na sua vida siga em frente
Não deixe as distrações esmagarem você

In your life keep moving forward.
Don't let distractions bring you down.

Mantenha seus olhos focados em Jesus
Pois Ele levantará você, se você cair nas profundezas

Keep your eyes focused on Jesus;
For He'll lift you up when you fall down, down, down

Que neste momento você seja verdadeiramente abençoado
Com todo o amor de Deus e Sua retidão!

At this time may you be truly blessed,
With all of God's Love and His Righteousness!

Que você possa andar na Sua paz e no Seu amor;
Irradiando Sua suavidade como a de uma pomba!

May you walk in His peace and His love;
Radiating His Gentleness like a dove!

Coro:

Chorus:

Quero mais, quero mais, quero mais do Seu caráter em você;
Quero mais, quero mais, quero mais do Seu caráter em você

Want more, want more, want more of His character in you.
Want more, want more, want more of His character in You.

16-06-05

Te Amo

I Love You

Escrevi este poema enquanto estava na Polícia Federal em Recife, PE, Brasil tentando resolver o problema de ainda não ter recebido minha carteira de identidade de Residência Permanente. Posso ter paz e descanso sabendo que coloquei tudo nas mãos do Meu Pai Celeste. Ele é Meu Pai e eu O amo! Seu amor nunca falha e Ele sempre mantém a Sua Palavra! Eu O amo! Sempre se lembre que nada, nada mesmo, pode lhe separar do Amor do seu Pai Celeste! Te Amo!

I wrote this poem while I was at the Federal Police in Recife, PE, Brazil trying to solve the problem of not receiving my Permanent Residency ID yet. I can have peace and rest knowing that I have put it all in My Heavenly Father's hands! He is My Father and I Love Him! His love never fails and He always keeps His Word! I Love Him! Always remember that nothing, no nothing can separate you from Your Heavenly Father's Love! I love You!

Te Amo

I Love You

Senhor, aqui estou hoje;
Colocando tudo em Suas mãos.

Lord, here I am today;
Putting everything in Your hands.

Sei que depois estarei em paz e tranqüila;
Porque Você é meu pai Você me ama

I know that after I will be at peace and at rest,
Because You are my Father and You love me.

Eu sou Sua filha;
Nada pode me separar do Seu amor.

I am Your daughter.
Nothing can separate me from Your Love.

Seu amor para mim é para sempre;
Você só tem coisas boas para mim.

Your Love for me is forever.
You only have good things for me
I love You

Te amo!
Sempre ficarei no Seu abraço.

I will always stay in Your embrace.

Te adoro!

I adore You!

Você é meu pai e nada pode me separar do Seu amor

You are My Father and nothing can separate me from Your love.

Te amo!

I love You!

Sempre ficarei no Seu abraço.

I will always stay in Your embrace.

Te adoro!

I adore You!

Você é Meu Pai e nada pode me separar do Seu amor

You are My Father and nothing can separate me from Your Love.

05-01-06

Vocês São Meus Instrumentos

You Are My Instruments

Vocês são Meus instrumentos que vou usar,
Os planos do inimigo vocês vão todos neutralizar.

You are My instruments that I will use.
The plans of the enemy you all will defuse.

Pois vocês receberão Meus olhos para ver e Meus ouvidos para ouvir,
A parte profunda interna do coração do homem, a parte que ele teme.

For you will be given My eyes to see and My ears to hear;
The deep inner part of man's heart, the part that they fear.

Palavras de sabedoria fluirão de vocês, apenas confiem em Mim;
Pois vocês quebrarão grossas correntes nas vidas deles para que possam ser livres!

Words of Wisdom will flow out of you, just trust Me;
For you'll break thick chains in their lives so they can be free!

Saibam que não retive Meus dons em você;
Vocês precisam apenas usá-los apesar da língua, pois estarei em tudo que vocês fizerem!

Know that I have not held back My gifts in you;
You just need to use them despite the language for I will be in everything you do!

Chamei vocês para cá para serem usados por Mim,
Sigam adiante cada dia, pois Minha glória vocês verão!

I called you here to be used by Me;
Go forward each day, for My glory you'll see!

12-01-06

Sem Dinheiro Em Minha Conta Do Banco 01/06
No Money In My Bank Account 01/06

Este poema foi escrito depois que descobri em Janeiro de 2006 que todo o dinheiro que eu tinha na minha conta bancária tinha desaparecido sem qualquer registro de transações. Um dia eu tinha dinheiro suficiente no banco, no outro, estou sem um tostão e de acordo com eles, devendo ao banco $ 200. Você pode imaginar? Eu não! Gastei mais de $ 100 só em ligações daqui do Brasil para o banco sem resolver nada!

This poem was written after I found out in January 2006, that all the money I had in my bank account disappeared without any record of any transactions. One day I had enough money in the bank, the next day I'm penniless and owe the bank, according to them, $200. Can you imagine? I couldn't! I spent over $100 just calling the bank from Brasil without solving anything!

Como você explica a estrangeiros o que aconteceu? Eu estava realmente chegando nos meus limites! Contas para pagar, nada de dinheiro. Como posso explicar para o proprietário do apartamento que precisava esperar pelas ofertas serem depositadas para eu ter o dinheiro para lhe pagar? Bastante estressada eu estava, Deus me deu este poema/musica! Que Deus te encoraja se você está estressada. Saiba que Ele é sempre fiel e cuida de todas as nossas necessidades! MEU DEUS É UM DEUS FIEL!

How do you explain to foreigners what has happened? I was really getting stressed out! Bills to pay, no money. How do I explain to my landlord I need to wait for the offerings so I can have money to pay him? I was really stressed out and God gave me this poem/music! May God encourage you if you are stressed out! Know that He is forever faithful and cares for our every need! MY GOD IS A FAITHFUL GOD!

Meu Deus É Um Deus Fiel
My God Is A Faithful God

Meu Deus é um Deus fiel,
Ele conhece cada necessidade que tenho
E quando acho difícil de confiar n'Ele
Ele resolve, não importa como me sinto.
Meu Deus é um Deus fiel!

My God is a faithful God.
He knows every need I have.
And when I find it difficult to trust in Him,
He comes through no matter how I feel.
My God is a faithful God!

Quando me acordei esta manhã, eu tinha lágrimas nos olhos.
Deus disse, "minha preciosa filha, não chore,"
"sou Seu Pai celeste e Eu proverei"
"porque Eu sou um Deus fiel!"

When I woke up this morning I had tears in my eyes
God said "My precious daughter don't you cry
I'm your Heavenly Father and I will provide
For I am a Faithful God!"

Meu Deus é um Deus fiel,
Ele conhece cada necessidade que tenho
E quando acho difícil confiar n'Ele,
Ele proverá, não importa como me sinto.
Meu Deus é um Deus fiel!

My God is a Faithful God.
He knows every need I have.
And when I find it difficult to trust in Him
He comes through no matter how I feel.
My God is a Faithful God!

A realidade apareceu – preciso pagar minhas contas
Oh Pai Celeste, ainda me preocupo.
Nenhum dinheiro no banco, o que vou fazer?
É só me apoiando nas promessas de Deus e ele resolverá.
E lembre-se que meu Deus é um Deus fiel!
Para encurtar, meu Deus sempre resolve!

Reality set in--need to pay my bills
Oh Heavenly Father, I worry still.
No money in the bank what will I do?
Just stand on God's Promises that He'll see me through
And remember that my God is a Faithful God!
To make a long story short, my God always comes through!

Quando minha fé estava diminuindo, Ele me disse: Você precisa ficar firme nas Minhas Promessas
Então confiei nas promessas d'Ele e as citei em voz alta.
Ele cuidou de todas as minhas necessidades e resolveu todas!

When my faith was dwindling He said stand on My Promises is what you must do.
So I stood on His promises and said them out loud!
He met all my needs and pulled me through!

Meu Deus é um Deus fiel!

My God is a Faithful God!

01-09-06

Senhor, Há Poder Na Sua Palavra
Lord, There Is Power In Your Word

Senhor, Sua palavra traz LUZ quando não posso ver;
Sua palavra traz ESPERANÇA, sim, ela me salva!

Lord, Your Word brings LIGHT when I cannot see.
Your Word brings HOPE, yes it rescues me!

Sua palavra traz FORÇA para minha alma enfraquecida,
Sua palavra traz CURA e me torna saudável!

Your Word brings STRENGTH to my weakened soul.
Your Word brings HEALING and makes me whole!

Sua palavra me dá vida quando estou desfalecendo;
Sua palavra me supre de nutrientes todos os dias!

Your Word gives me life when I am withering away.
Your Word supplies me with nourishment every day!

Sua palavra é ÁGUA VIVA para minha alma sedenta,
Sua palavra afirma que SEU AMOR por mim simplesmente transborda!

Your Word is LIVING WATER for my thirsty soul.
Your Word declares that YOUR LOVE for me just OVERFLOWS!

Assim, com base na Sua Palavra,
Senhor, eu me posiciono;
SOMENTE na Sua Palavra vencerei
a terra deserta e seca!

So, on Your Word, Lord, I'll take my stand.
On Your Word ALONE
I'll make it through the dry, deserted land!

Sua palavra, Senhor, é LUZ para meus pés,
Sua palavra é ÁGUA e CARNE para mim!

Your Word, Lord, is a LIGHT unto my feet.
Your Word is my WATER and my MEAT!

27-04-06

Deus, Preciso Do Seu Abraço
God, I Need Your Embrace

Deus, eu preciso do Seu abraço,
Preciso de Seu amor dentro do meu coração

God, I need Your embrace.
I need Your Love inside my heart.

Ficarei na Sua presença,
Pois Você cura toda dor no meu coração,
sempre com Seu amor!

I'll stay in Your Presence,
Because You cure all the pain in my heart always with Your Love!

Deus, eu quero Seu forte abraço.
Um abraço feito de amor verdadeiro,
Porque Seu Amor Verdadeiro transforma coisas
na minha vida que precisam de
transformação.

God, I want Your strong embrace
An embrace that has True Love,
Because Your True Love transforms things in my life
that need transforming.

Deus, me dê o Seu amor!
God, give me Your Love!

Deus, eu Te amo muito!

God, I love You very much!

Você é a única pessoa que sabe tudo sobre mim,
Você não olha para as coisas ruins na minha vida,
Mas vê o potencial em mim e Você me dá o Seu amor!

You are the only person that knows everything about me.
You don't look at the bad things in my life,
But see the potential in me and give me Your Love!

Obrigada, Deus, por Seu Amor.
Amor que é verdadeiro e incondicional para mim

Thank You, God, for Your Love;
Love that is true and unconditional for me.

Obrigada também pelo Seu forte abraço cheio de Amor
que transforma as coisas na minha vida!

Thank You too for Your strong embrace that is filled with Love, which
transforms things in my life!

Deus, eu Te amo! Deus, eu Te amo!

God, I LOVE YOU! God, I LOVE YOU!

11-02-06

Senhor, Eu Quero Dizer
Lord, I Want To Say

Senhor, eu quero dizer
Que Você é tudo para mim,

Lord, I want to say
You are My everything.

Meu Pai, Conselheiro e Minha Força.
E quando caio, Você me dá Suas mãos
Para me levantar e ficar em pé
E sempre olhar para a cruz!

My Father, Counselor, and my Strength.
When I fall, You give me Your hands
So, I can get up and stand
I will always look to the cross!

Jesus, eu quero ficar no Seu abraço
Um abraço cheio de Seu amor

Jesus, I want to stay in Your embrace;
An embrace that is filled with Your love.

Senhor, me dê a sua sabedoria
Posso fazer tudo que Você quiser
E sempre olhar para a cruz!

Lord, give me Your wisdom.
I can do everything that You want,
And always look to the Cross!

Jesus, quando chamo Seu nome, eu recebo Sua Força E sinto Sua presença dentro de mim.

Jesus, when I call Your name, I receive Your Strength,
And I feel Your Presence inside of me.

Gritarei o Seu nome cada vez mais alto

I will shout Your name more and more

Jesus, Meu Salvador, Meu Conselheiro e Meu Melhor Amigo!

Jesus is My Savior, My Counselor and My Best Friend!

Jesus, eu quero ficar no Seu abraço Um abraço cheio de Seu amor

Jesus, I want to stay in Your embrace;
An embrace that is filled with Your love.

Senhor, me dê Sua sabedoria, Posso fazer tudo que Você quiser E sempre olhar para a Cruz!

Lord, give me Your wisdom.
I can do everything that You want,
And always look to the Cross!

Jesus, eu quero seus olhos para ver as coisas
como Você as vê,
E quero seus ouvidos para ouvir como Você ouve;
Oh Jesus, Você sabe que quero cada vez mais do Seu
caráter dentro de mim!

Jesus, I want Your eyes to see things as You see them.
I want Your ears to hear as You hear.
O Jesus, You know that I want more and more of
Your character inside of me!

Jesus, eu quero ficar no Seu abraço
Um abraço cheio de Seu amor

Jesus, I want to stay in Your embrace;
An embrace that is filled with Your Love.

Senhor, meu dê a Sua sabedoria.
Posso fazer tudo que Você quiser
E sempre olhar para a Cruz!

Lord, give me Your wisdom.
I can do everything that You want,
And always look to the cross!

19-08-06

Quando você pensa que não pode mudar a sua vida, lembre-se destas palavras!

When you think that you can't make a change in your life, remember these words!

Vou Em Frente
I Am Going Ahead

Eu vou em frente, sem olhar para trás
Vou superar meus obstáculos

I am going ahead, not looking back.
I am going to overcome my obstacles.

Com Sua ajuda eu vou conseguir, vou permanecer livre
Vou Te amar mais!

With Your help I will achieve, I will stay free.
I am going to love You more!

Jesus, Te amo
Suas palavras são alimentos para mim
Jesus, Te amo mais

Jesus, I love You.
Your Words are food for me.
Jesus, I love You more.

Suas palavras me fortalecem e Sua graça é suficiente
para mim
Vou permanecer livre
Jesus, Te amo mais e mais!

Your Words give me strength and Your grace is sufficient for me.
I am going to stay free.
Jesus I love You more and more!

Minha vida está sendo transformada
Para Sua glória, cada dia e cada hora

My life is being transformed
For Your glory every day and every hour.

Se eu cair, Você me levanta
Minha vida é só para Você!
Vou amar-Te mais!

When I fall, You pick me up
My life is only for You!
I am going to love You more!

Jesus, Te amo
Tuas palavras são alimentos para mim
Jesus, Te amo mais

Jesus I love You.
Your Words are food for me.
Jesus, I love You more.

Suas palavras me fortalecem e Sua graça é suficiente
para mim, vou permanecer livre
Jesus te amo mais e mais!

Your Words give me strength and Your grace is sufficient for me.
I am going to stay free.
Jesus I love You more and more!

Sim, Eu vou em frente, sem olhar para trás
Vou superar meus obstáculos
Com Sua ajuda eu conseguirei permanecer livre
Vou Te amar mais!

Yes, I am going ahead, not looking back.
I am going to overcome my obstacles.
With Your help I will achieve to stay free.
I am going to love You more!

08-01-06

Não Há Montanha Difícil Demais de Escalar
There Is No Mountain Too Tough To Climb

Não há montanha difícil demais de escalar;
Porque Jesus está me guiando, estando junto de mim.

There is no mountain too tough to climb;
For Jesus is guiding me, standing right by my side.

Ele me alerta diante da subida muito íngreme;
Me dizendo para não desistir e colocar todos os meus medos aos Seus pés.

He tells me when the climb is very steep;
Telling me not to give up; to lay all my fears down at His feet.

Suas mãos apertando firmemente as minhas;
Me encorajando sempre – dizendo que vou chegar, estou indo muito bem!

His hands grasped tightly with mine;
Encouraging me always---saying I'm going to make it---I'm doing fine!

Quando estou cansada, ele me diz "para descansar um pouco e depois seguir em frente",
Ele diz, "não pense que nunca vai chegar, permitindo suas circunstâncias lhe prender como chumbo".

He tells me when I am tired to rest a while and then move on ahead.
He says "Don't think you'll never make it and allow your circumstances
to weigh you down like lead."

Ele me assegura que está comigo a
cada passo do percurso,
Verificando que eu não desista, me dizendo
que a cada dia estou chegando mais
perto do topo!

He reassures me that He's with me each step of the way;
Making sure that I don't give up, telling me that I'm
getting closer to the top every day!

Então com essa garantia continuo a subir,
Atravessando cada obstáculo e me livrando de
todos os medos!

So, with that reassurance, I continue to climb;
Pushing through every hindrance and casting all my fears aside!

03-06-07

Pai Celeste
Heavenly Father

Pai Celeste, eu Te amo

Heavenly Father, I love You.

Sei que Você também me ama

I know that You love me too.

Você me protege, me dá segurança

You guard me, You give me security.

Só de você vou depender!

Only on You I will depend!

Confiarei nas Suas palavras

In Your Words I will trust.

São minha força e meu alimento

They are my strength and my food.

Seu amor é verdadeiro e real

Your Love is true and real.

Quero cada vez mais do Seu amor dentro de mim

I want more and more of Your Love inside of me.

Estou inteira com Seu Amor, Seu Amor
I am complete with Your Love, Your Love.

Pai Celeste, eu Te amo
Heavenly Father, I love You.

Sei que Você também me ama
I know that You love me too.

Você me protege, me dá segurança
You guard me, You give me security.

Só de você vou depender!
Only on You I will depend!

Pai Celeste, eu Te amo
Heavenly Father, I love You.

Sei que Você também me ama
I know that You love me too.

Você me protege, me dá segurança
You guard me, You give me security.

Só de Você vou depender!
Only on You I will depend!

06-01-07

Purifique Meu Coração
Purify My Heart

Purifique meu coração
Cubra minha mente com seu sangue

Purify my heart.
Cover my mind with Your blood.

Mostre-me as áreas da minha vida que precisam ser mudadas
Para poder sempre refletir sua luz

Show me the areas of my life that need to be changed,
So I can always reflect Your light.

Esta é minha oração
Que minha vida sempre mostre
Seu caráter e Seu coração
Preciso de Ti cada vez mais

This is my prayer
That my life will always show
Your character and Your heart
I need more and more of You.

Mais e mais preciso viver a Sua Palavra
Quero que Suas palavras saiam da minha boca
Use-me cada vez mais para Sua glória
Meu Senhor e Meu Pai

More and more I need to live Your Word.
I want to speak Your words.
Use me more and more for Your glory,
My Lord and My Father

Esta é minha oração
Sempre que alguém me vê, ele só vê Você
Porque minha vida é Sua
Para fazer o que Você quiser fazer

This is my prayer.
Every time that a person sees me, he only sees You,
Because my life is Yours
To do what You want to do.

Use-me para chamar as pessoas para sempre louvar você

Use me to call people to always worship You.

Está é minha oração
Que minha vida sempre mostre Seu caráter
e Seu coração
Preciso cada vez mais de Você
Preciso cada vez mais de Você

This is my prayer
That my life will always show Your character and Your heart.
I need more and more of You.
I need more and more of You.

13-09-2007

Que Comandante Supremo Você Vai Escolher?
Which Commander In Chief Will You Choose?

A batalha está acontecendo,
Cada Comandante Supremo tem seu plano,
Um, chamado de Satanás, planeja roubar,
matar e destruir,
O outro, chamado de Jesus, planeja salvar
a alma dos homens.

The battle is under way.
Each Commander In Chief has their plan;
One called Satan is out to steal, kill and destroy,
The other called Jesus is out to save the soul of man.

Satanás treina suas tropas para subjugar em
destruição, terror e ódio;
Jesus treina Seus homens no Amor Incondicional e
Perdão –Salvação é o destino deles.

Satan trains his troops to engulf in destruction, terror and hate.
Jesus trains his men in Unconditional Love and Forgiveness---Salvation is their fate.

Satanás planeja seus ataques para penetrar nas
mentes dos homens,
Convencendo-os a se render ao medo dos homens para
não depender da Palavra de Deus.

Satan plans his attacks to penetrate the minds of men;
Convincing them to yield to the fear of men so that on
God's Word they won't depend.

Satanás faz as pessoas questionarem como Deus pode
permitir que pessoas inocentes morram
Se ele é um Deus de Amor Incondicional, por que os
inocentes precisam morrer?

Satan makes people question how could God allow innocent people to die.
If He's a God of Unconditional Love, why must the innocent fry?

O plano de ataque de Deus é de abrir os
olhos cegos para ver,
Que Ele deu seu único filho, Jesus, a morrer para
outros poderem ser libertados!

God's plan of attack is to open the blind eyes to see;
That He gave His only son, Jesus, to die so that others can be set free!

O sangue de Jesus foi derramado para nos libertar da
maldição da morte, você sabe;
Ele morreu por nossas transgressões quando estava
pendurado lá naquela cruz feita de uma árvore;

Jesus' blood was shed to free us from the curse of death, you see;
He died for our transgressions when he hung there on that cross made from a tree.

Mas a punição do pecado é a morte, nenhuma
misericórdia concedida;
Assim, Deus mandou seu único filho, Jesus, para
morrer e nos salvar desta horrível aflição.

For the penalty of sin is death, no mercy shown,
So God sent His only son, Jesus, to die and to save us from that horrible woe.

Então, na batalha, em que lado você vai ficar?
No lado de Satanás, que é um destruidor do coração,
da mente e da alma,
Ou no lado de Jesus, cuja Palavra é para sempre e cujo
propósito é de restaurar corações quebrados e
os tornar inteiros?

So in the battle, whose side will you be on?
The side of Satan who's a destroyer of the heart, mind and soul,
Or on the side of Jesus, whose Word holds true and
whose purpose is to restore broken hearts and make them whole?

Os planos de Satanás dão prazer por um momento e
satisfação que não está garantida;
O plano de Deus dá esperança por um futuro e liberta
almas presas!

Satan's plans give pleasure for the moment and a satisfaction that's not guaranteed.
God's plan gives hope for a future and sets captive souls free!

31-05-07

Senhor, Dou Minha Vida a Ti
Lord, I Give My Life To You

Senhor dou minha vida a Ti;
Renova-me totalmente por dentro.
Tire as impurezas da minha vida e me torne completa;
Você é o Redentor da minha alma!

Lord, I give my life to You.
Renew me through, and through and through.
Cleanse my life and make me whole.
You are the Redeemer of my soul!

Eu quero ser, quero ser
TUDO que Você tem para mim!
Eu quero ser, quero ser
TUDO que Você tem para mim!

I want to be, I want to be
ALL You have for me!
I want to be, I want to be
ALL You have for me!

Com cada passo que vou em frente
A cada segundo estou vencendo terreno!
Sua Palavra, uma Arma Poderosa
Dependências se desfazendo, e desfazendo e desfazendo!

With each step I'm moving forward.
Second by second I'm gaining ground!
Your Word a Powerful Weapon,
Bondages breaking down, and down and down!

Senhor, busco Seu rosto a cada manhã,
Colocando meus dias nas Suas mãos.
Senhor, use-me para Sua Glória,
Quero ser parte do Seu Perfeito Plano!

Lord, I'll seek Your face each morning;
Putting my day in Your hands.
Lord, use me for Your GLORY;
I want to be a part of Your Perfect Plan!

Eu quero ser, quero ser
Tudo que Você tem para mim!
Eu quero ser, quero ser
Tudo que Você tem para mim!

I want to be, I want to be
ALL You have for me!
I want to be, I want to be
All You have for me

Falo Suas Palavras de Sabedoria,
Encorajo aqueles que estão tristes,
Cantarei da Sua Grande Compaixão,
Dizendo-lhes: Você é o Redentor do país deles!

I'll speak Your Words of Wisdom;
Encourage those who are sad.
I'll sing of Your Great Mercy;
Telling them You are the Redeemer of their land!

Eu quero ser, quero ser
TUDO que Você tem para mim!
Eu quero ser, quero ser
Tudo que Você tem para mim!

I want to be, I want to be
ALL You have for me!
I want to be, I want to be
All You have for me!

Senhor, Aqui Estou

Lord, Here I Am

Senhor, aqui estou
Use-me cada vez mais
Quero que minha vida mostre sempre o Seu caráter!

Lord, here I am.
Use me more and more.
I want my life to show Your character always!

Jesus, Oh Jesus

Jesus, Oh Jesus

Mais e mais da Sua Presença dentro de mim.

More and more of Your Presence inside of me.

Jesus, Oh Jesus

Jesus, Oh Jesus

Quero que Seu caráter me ilumine,
Seu Amor, Sua Graça e Sua Paz.

I want Your character to illuminate in me,
Your Love, Your Grace and Your Peace.

Jesus, Oh Jesus

Jesus, Oh Jesus

Oh Senhor, aqui estou

Um criado humilde quero ser

O Lord, here I am.
A humble servant I want to be.

Em tudo que faço
Só quero que as pessoas vejam o Senhor

In everything that I do,
I only want people to see the Lord

Jesus, Oh Jesus

Jesus, Oh Jesus

Cada vez mais da Sua presença dentro de mim.

More and more of Your presence inside of me.

Jesus, Oh Jesus

Jesus, Oh Jesus

Quero que Seu caráter me ilumine

I want Your character to illuminate in me.

Seu Amor, Sua Graça e Sua Paz

Your Love, Your Grace and Your Peace

Jesus, Oh Jesus

Jesus, Oh Jesus

Tua Palavra É Minha Força
Your Word Is My Strength

Tua Palavra é minha força
Tua Palavra é minha força
Oh Senhor, nosso Deus, minha vida é Sua

Your Word is my strength.
Your Word is my strength.
O Lord, our God, my life is Yours.

E eu vou refletir Teu caráter
Eu vou refletir Teu caráter
Sempre me enche com Teu amor

And I will reflect Your character.
I will reflect Your character.
Always fill me with Your love.

Viverei somente para Ti
Sim, viverei somente para Ti

I will only live for You.
Yes, I will only live for You.

Oh Deus, Tu és tudo para mim
Minha força, meu sustento e minha paz
Sem Ti, minha vida não tem valor
(minha vida não vale nada!)

O God, You are everything for me;
My strength, Sustenance and My peace
Without You, my life has no value!

Oh Senhor, nosso Deus, quero mais e mais de Ti
Mais do Teu Amor
Oh Senhor, nosso Deus, quero mais de Ti!

O Lord, our God, I want more and more of You;
More of Your love.
O Lord, our God, I want more of You!

E viverei somente para Ti
Sim, e viverei somente para Ti!

And I will live only for You.
Yes, and I will live only for You!

26-03-2008

Uma Oração De Cura

A Healing Prayer

Que o Senhor permita ungir-te a cada dia.
Com Sua pomada de Gileade, eu peço.

May the Lord anoint you each and every day;
With His healing balm of Gilead I pray.

Que Ele toque e restaure seu corpo inteiro com saúde perfeita;
Que Ele continuamente te encha com Suas bênçãos de Riqueza

May He touch and restore your whole body to perfect health.
May He continually fill you with His blessings of wealth.

Riqueza de saúde completa para teu corpo, mente e alma;
A palavra Dele está sendo falada a ti, tornando-te são!

Wealth of complete wholeness to your body, mind and soul;
His Word being spoken to you, making you whole!

Que Ele te dê um novo espírito, vibrante e saudável

A new, vibrant, healthy spirit may He give to you.

Meu Deus é O Deus Fiel
My God is a Faithful God

Esta semana eu passei mal, mas Deus usou isso para me mostrar que Deus sempre cuida de mim e vai me usar mesmo que eu esteja passando um tempo mau. Deus vai usar a gente em qualquer hora para a glória dele - você está pronto para isso - acredita que é verdade? Então, quando você está passando um tempo mal - peça a Deus para lhe usar—Ta bom? Nós só precisamos confiar Nele! Nosso Deus é O Deus FIEL!!!!

This week I went through a bad time, but God used it to show me that He always takes care of me and will use me even if I am going through a bad time. God will use us anytime for His glory--Are you ready for this?----Do you believe this is true? Then, when you are passing through a bad time, ask God to use you--ok? We only need to trust in Him! Our God is a Faithful God!!!

Salmos 23:1 "O Senhor é O meu Pastor; nada me faltará!"

Psalm 23:1 " The Lord is my shepherd nothing shall I want" NIV

Naum 1:7 "O Senhor Deus é bom. Em tempos difíceis, ele salva o seu povo e cuida dos que procuram a sua proteção."

Nahum 1:7 " The Lord is good, a refuge in times of trouble. He cares for them who trust in Him."

Também, eu agradeço a Deus por todo mundo que me visitou, me ajudou, e por seus testemunhos. Conceição, Adriana e Vanessa - mais as famílias delas – agradeço a vocês por suas orações e suas palavras de conforto que Deus colocou em suas bocas! Deus usou vocês - Conceição estava afastada de Deus, mas voltou e vai para nossa igreja, não só ela, mas o marido dela também - e outras começam a buscar Deus! Que Deus continue a usar vocês!

I thank God too for everyone that visited and helped me and for your testimonies. Concecao, Adrianna, Vanessa---and their families--thank you for your prayers and your words of comfort that God put in your mouth! God used you---Concecao was away from God but returned and will go to our church--not only her but her husband---also others started to seek God! God continue to use you!

Finalizando, eu agradeço a todo mundo que orou por mim! Suas orações me deram força! Efésios 6:18-20

In the end, I thank everyone that prayed for me! Your prayers gave me strength! Ephesians 6:18-20

Esse é o poema que eu escrevi no dia de minha alta do hospital.

This is a poem that I wrote on the day I was released from the hospital.

Meu Deus é O Deus Fiel

My God is a Faithful God

Meu Deus é O Deus Fiel
Ele cuida de mim para sempre
Seus braços vão me abraçar
Meu Deus é O Deus Fiel

My God is a Faithful God.
He always takes care of me.
His arms embrace me.
My God is a Faithful God.

Nesta semana eu passei mal
Mas Deus usou isso para me mostrar
Que Deus sempre cuida de mim e vai me usar

This week I was sick,
But God used it to show me
That He always takes care of me and will use me.

Eu só preciso confiar Nele
Meu Deus é O Deus fiel!

I only need to trust in Him.
My God is a Faithful God!!

Em tempos difíceis, para onde você olha?
Olha sua situação ou procura como pode ajudar alguém?

In difficult times, where do you look?
Do you focus on the situation or look how you can help someone else?

A Bíblia diz que você não deve olhar só para si
Mas ajudar alguém e orar sempre
Pois quando você faz isso, você vai ver
Que esse tempo é para você crescer
Deus está cuidando de você!
Deus está cuidando de você!

The Bible says don't only look at yourself.
But help someone and always pray.
For when you do this, you will see
That this time is for you to grow.
God is taking care of you! God is taking care of you!

Meu Deus é O Deus fiel!

My God is a Faithful God!

Eu te amo para sempre
Minha vida está em Suas mãos
Usa-me para Te glorificar

I will always love you.
My life is in Your hands.
Use me to glorify You.

Meu Deus é O Deus Fiel!!

My God is a Faithful God!!

22-05-08

Nossa Corrida Na Vida
Our Race In Life

Senhor, eu estava pensando sobre nossas corridas contigo. Eu estava assistindo no domingo à corrida de Milionários e durante a corrida Você me falou muitas coisas. Por exemplo, todas as pessoas quando começam a corrida estão com um propósito, "eu vou vencer" e que esse pensamento nos dá nossa força. Mas, quando aparece algum obstáculo que vem nos atrapalhar, incomodar, nosso pensamento muda. Estamo-nos perguntando: "E agora, Como Eu posso vencer? Eu não estou mais na frente - perdi tempo - não sei quanto tempo vou ter para superar." E aí, nossa esperança diminui.

Lord, I was thinking about our race with You. On Sunday, I was watching the Race of the Millionaires and during the race You told me a lot of things. For example, at the start of a race everyone has an intention, "I will win" and this thinking gives us strength. But when some obstacle appears that would interfere, or mess us up, our thinking changes. We are thinking, "And now?" "How can I win? I am no longer in the lead. I've lost time. I don't know how much time it will take to get ahead." Then, our hope diminishes.

Agora, a gente tem duas opções: (1) ficar com este pensamento na cabeça e perder mesmo ou (2) lembrar que Deus vai nos dar força e lembrar a palavra dEle que diz: "Comigo, nada é impossível" e continuar nossa corrida!

Now, we have 2 options: (1) keep those thoughts in our head and lose or (2) remember that God gives us the strength and remember what His Word says, "With Him nothing is impossible," and continue our race!

Isaías 40: 28-31 "Será que vocês não sabem? Será que nunca ouviram falar disso? O Senhor é o Deus eterno, ele criou o mundo inteiro. Ele não se cansa, não fica fatigado; ninguém pode medir a sua sabedoria. Aos cansados ele dá novas forcas e enche de energia os fracos. Até os jovens se cansam e os moços tropeçam e caem; mas os que confiam no Senhor recebem sempre novas forcas. Voam nas alturas como águias, correm e não perdem as forcas, andam e não se cansam."

> *Isaiah 40:28-31 "Do you not know? Have you not heard? The Lord is the everlasting God, the Creator of the ends of the earth. He will not grow tired or weary, and young men stumble and fall; but those who hope in the Lord will renew their strength. They will soar on wings like eagles; they will run and not grow weary, they will walk and not be faint." (NIV)*

Outra coisa: quando estamos perdendo a corrida, não importa em qual lugar estamos. Podemos perder o primeiro lugar para ser o último em segundos. Mas, porque você está "com Deus eu vou conseguir" na mente, você supera seu obstáculo e começa a passar em frente; talvez para o primeiro lugar de novo.

> *Another thing, when we are losing the race, the position we are in doesn't matter. We could lose first place and wind up in last place in seconds, but because your mind says, "with God I will make it" you are overcoming your obstacle and start to go ahead, maybe for first place again*

Havia um casal que estava no primeiro lugar e durante a corrida perdeu tempo e chegou ao último lugar. Não foi culpa deles, mas havia um problema com o barco em que estava. O barco teve problemas, e não o casal. Mas quando chegou, lhes disseram, "não fiquem tristes, vocês têm outra chance, se amanhã vocês chegarem em primeiro lugar, vocês podem ficar na corrida, se não, vocês têm que sair da corrida."

> *There was a couple who was in first place and during the race they lost time and wound up in last place. It wasn't their fault. The problem was with the their boat. The boat had problems, not them. When they arrived, the person told them, "Don't be sad, you have another chance. Tomorrow if you arrive in first place, you can stay in the race. If not; you have to leave the race."*

E aí? Vocês acham que eles vão conseguir, vão tentar ganhar? Ou acham que eles vão ficar tristes - perder a esperança - e ficar no último lugar?

And you? You think that they will be able to do it? Will they try to win? Or do you think that they will stay sad and unmotivated, give up hope and stay in last place?

1 Cor. 9 : 24-27 "Vocês sabem que numa corrida, embora todos os corredores tomem parte, somente um ganha o premio. Portanto, corram de ta maneira que ganhem o prêmio. Todo atleta que está treinando agüenta exercícios duros porque quer receber uma coroa de folhas de louro, uma coisa que dura para sempre. Por isso corre direto para a linha final. Também sou como um lutador de boxe que não perde nenhum golpe. Eu trato o meu corpo duramente o obrigo a ser completamente controlado para que, depois de ter chamado outros para estarem na luta, eu mesmo não venha a ser eliminado dela."

1 Cor. 9:24-27 "Do you not know that in a race all the runners run; but only one gets the prize? Run in such a way as to get the prize. Everyone who competes in the game goes into strict training. They do it to get a crown that would not last, but we do it to get a crown that would last forever. Therefore, I do not run like a man running aimlessly. I do not fight like a man beating the air aimlessly. I do not fight like a man beating the air. No, I beat my body and make it a slave so that after I have preached to others, I myself will not be disqualified from the prize."(NIV)

Quando temos obstáculos a superar, onde fica sua mente? Sua mente fica com a esperança que você pode superar, pode vencer - ou você perde a esperança de vencer? Você vai se permitir perder sua corrida só porque sua mente diz "Você já perdeu muitas vezes e não vai conseguir - deixe para lá"?

When you have obstacles to overcome, what are you thinking (or what are your thoughts?) ? If you have hope that you can overcome, you can win. Or you can lose hope that you will win. You will lose the race only because your mind says "You've already lost a lot of times and never do it—forget it

E aí? Vai ou não vai superar seus obstáculos? Lembre-se sempre que com Deus tudo e possível!

And you? Are you going to overcome your obstacles or not? Always remember that with God, all things are possible!

Hebreus 12:1-3 "Assim nós temos essa grande multidão de testemunhas ao nosso redor. Portanto, deixemos de lado tudo o que nos atrapalha e o pecado que se agarra firmemente em nós e continuemos a correr, sem desanimar, a corrida marcada para nós. Conservemos os nossos olhos fixos em Jesus, pois é por meio dele que a nossa Fé começa e é ele quem aperfeiçoa. Ele não deixou que a cruz fizesse com que ele desistisse. Pelo contrário, por causa da alegria que lhe foi prometida, ele não se importou com a humilhação de morrer na cruz e agora está sentando do lado direito do trono de Deus. Pensem no sofrimento dEle e como suportou com paciência o ódio dos pecadores. Assim, vocês não desanimem, nem desistam."

Hebrews 12:1-3 "Therefore, since we are surrounded by such a great cloud of witnesses, let us throw off everything that hinders and the sin that so easily entangles and let us run with perseverance the race marked out for us. Let us fix our eyes on Jesus, the author and perfecter of our faith, who for the joy set before him endured the cross, scorning its shame and sat down at the right hand of the throne of God. Consider him who endured such opposition from sinful men, so that you will not grow weary and lose heart." (NIV)

Deus me deu agora essa música--- espero que vá lhe dar a esperança para superar!

God gave me this music now. I hope it will give you a hope to overcome!

Nossa Corrida Na Vida
Our Race In Life

Nossa corrida, na vida, não é tão fácil
Ou igual à dos outros

Our race, life, isn't very easy
Or equal to others

Temos obstáculos diferentes,
Mas, com a graça do Senhor a gente superará!

We have different obstacles,
But with the Lord's Grace we will overcome!

Onde nossos pensamentos estão
É que decide se a gente supera ou não
Se a gente vai perder totalmente

Wherever our thoughts stay
Will decide if we overcome or not,
If we will lose everything.

Vamos confiar na Palavra de Deus
Guardando as promessas dEle dentro da nossas mentes,
nossas mentes

Going to have confidence in God's Word
Keeping His promises inside of our mind, our mind

Lembre-se sempre que com Deus nada é impossível
E com a força dEle você vai superar

93

Always remembering that with God, all things are possible
And with His strength, we will overcome

A palavra dEle vai lhe dar a força
e você não vai perder

His Word will give us strength
and we will not lose

As palavras de Deus nos dão esperança e
Precisamos ficar falando das promessas dEle
Para sempre, para sempre

The Word of God gives us hope.
We need to keep on saying His promises,
Always, always.

Colocando nossos nomes dentro das promessas e
Crer que as promessas são verdadeiras
E vamos superar e vencer nossa corrida!

Putting our names in His Promises and
Believe that the promises are true
And we will overcome and win our race!

31-10-2008

Esse Poema Novembro de 2008
This Poem is from November 2008

Esse poema que Deus me deu no dia 14 de Novembro de 2008 durante minha fisioterapia

God gave me this poem on November 14, 2008 during my physical therapy.

Oh Deus, nosso Senhor
Neste dia nós agradecemos O Seu amor

O God, our Lord,
On this day we thank you for Your love.

Seu amor é verdadeiro e não vai acabar de jeito nenhum.
E ele é real para nós

Your Love is true and it will never end, no way.
For us, it is real.

Você nos perdoa e esquece o que a gente fez
E Você nos diz, "vá em frente, não olhe pra trás"
"seus pecados estão nas profundezas do mar"

You forgive us and forget what we did
You say, "go ahead and don't look back.
"Your sins are in the deepest part of the sea."

Lembre-se que Eu estou aqui segurando suas mãos
Para lhe levantar quando você cair
Deixe-Me levantar você; levante!

Remember that I am here holding your hands
To pick you up when you fall.
Let me pick you up. Get up!

Lembre-se que Eu tenho planos para você
E que Satanás sabe disso e quer destruir você

Remember that I have plans for you.
Satan knows this and wants to destroy you.

Fique forte em Mim
Nunca deixe de orar.
Aplique o que Minhas palavras falaram a você
Você vai superar, vai vencer!

Stay strong in Me.
Never forget to pray.
Apply what My Words say to You.
You will overcome, You will win!

Eu Vou Ficar Na Palavra Que Deus Me Deu
I Am Going To Stand On The Word That God Gave Me

Eu vou ficar na palavra que Deus me deu
Eu vou ficar na palavra que Deus me deu
Eu vou ficar na palavra que Deus me deu
Porque ela vai me dar força

I am going to stand on the Word that God gave me.
I am going to stand on the Word that God gave me.
I am going to stand on the Word that God gave me,
Because it gives me strength.

Vou me concentrar nas coisas de Deus
Ajudando e orando pelos pobres
Colocando todas as coisas nas mãos de Deus
Porque Ele é meu pai e vai resolver!

I am going to concentrate on the things of God:
Helping and praying for the poor,
Putting everything in the hands of God,
Because He is my Father and He will take care of it.

Meus Olhos Estão em Ti, Oh Senhor
My Eyes Are On You, Lord

Meus olhos estão em Ti, Oh Senhor
Meus pensamentos estão em Ti, Oh Senor
Estou repleta de Seu amor, Senhor
Estou completa em Ti

My eyes are on You, Lord.
My thoughts are on You, Lord.
I'm filled with Your love, Lord.
I'm complete in You.

Você me dá força, Senhor
Você me dá graça, Senhor
Sua palavra me guia, Senhor
É verdade, sim, é verdade

You give me strength, Lord.
You give me grace, Lord.
Your Word is my guide, Lord.
It's true, yes it's true.

Meditarei todos os dias sobre Sua Palavra para minha vida mudar

I will meditate all of my days on Your Word, so that my life will change.

Confessando em voz alta
Confiando na Sua Palavra
Senhor encha-me mais e mais!

Confessing out loud,
Trusting Your Word,
Lord, fill me more and more!

Trabalhe através da minha fraqueza, Senhor
Quero me ver como Você me vê
Sua filha preciosa que Você sempre abraçará

Work through my weakness, Lord.
I want to see me Lord as You see me.
Your special daughter that You always embrace.

Me dizendo como Você me ama
Me dizendo que vai me guiar
Me dizendo que sempre posso confiar em Você, confiar em Você

Telling me how You love me,
Telling me that You'll guide me,
Telling me I can always trust in You, trust in You.

Você é meu Pai, Você não é como qualquer outro
Sempre guiando, nunca mentindo, sempre amando

You are my Father, You're not like any other;
Always guiding, never lying, always loving.

Sempre Você está aqui ao meu lado
Me amando e dizendo
"Você é especial, minha filha, que estou treinando"

You're always right there by my side;
Loving me and saying,
"You are my special daughter that I'm training."

Meu amor por Você é para sempre,
sim, verdade, sim, verdade!
Nunca a deixarei
Nunca a abandonarei
Nunca a condenarei
Sou seu Pai Celeste e tenho grandes planos para você

My love for you is everlasting, yes, it's true, yes, it's true!
I'll never leave you.
I'll never forsake you.
I'll never condemn you.
I'm your Heavenly Father and I have great plans for you.

Você me conta como está transformando tudo
dentro de mim
Mudando os pensamentos na minha mente para serem
seus, não meus

You tell me how You are transforming everything inside,
Changing the thoughts in my mind into Your thoughts, not mine.

Transformando meu passado,
Uma transformação que perdura
Senhor, eu só quero Te agradecer!

Transforming my past;
A transformation that lasts;
Lord, I just want to thank You!

Meus olhos estão em Ti, Oh Senhor
Meus pensamentos estão em Ti, Oh Senhor
Estou repleta com Seu amor, Senhor
Estou completa em Ti

My eyes are on You, Lord.
My thoughts are on You, Lord.
I'm filled with Your love, Lord.
I'm complete in You.

24-08-09

Eu Vou Superar, Eu Vou Vencer
I Will Overcome, I Will Win

Eu vou superar, eu vou vencer
Nada vai me atrapalhar ou vai me impedir
porque Deus está em mim

I will overcome, I will win.
Nothing will hinder me or stop me,
Because God is in me.

Eu Te louvarei, Te adorarei
Em qualquer circunstância, sempre Te amarei

I worship and adore You.
In whatever circumstance, I will always love You.

Oh Senhor, Você sempre está ao meu lado segurando
minha mão e me orientando,
por isso eu Te agradecerei

Oh Lord, You are always by my side holding my hand, guiding and leading me.
For this, I will always thank You.

O Senhor Deus é minha força, minha esperança,
minha alegria.
Eu sempre declararei, pois Contigo eu vou vencer!

The Lord God is my strength, my hope, my joy,
I will always declare victory because with You I will win!

Vou subir para lugares mais altos
Não vou olhar para trás
Só com Tua Força, Senhor, que eu vou conseguir
porque Você é a minha fortaleza!

I will go up to higher places.
I am not going to look back.
It's only with Your strength, Lord, that I will make it, do it, achieve it,
Because You are My strength!

Vou gritar Tuas Palavras e as Tuas Promessas
Para todo mundo poder ouvir e declarar

I am going to shout Your Words and Your Promises.
In order that everyone in the world can hear and say

Só Você pode nos dar Esperança, Graça e Misericórdia
Amor de verdade
Só em Ti nós podemos confiar
Oh Deus, Você é o meu melhor amigo!

Only You can give us Hope, Grace and Mercy;
True Love.
Only in You can we trust
Oh God, You are my best friend!

Eu vou superar, eu vou vencer
Nada vai me atrapalhar, nada vai me impedir
Porque Deus está em mim

I will overcome, I will win.
Nothing will hinder me or stop me, because God is in me.

Eu Te louvarei, Te adorarei
Em qualquer circunstância, sempre Te amarei

I worship and adore You.
In whatever circumstance I will always love You.

26-08-09

Minha Auto-Confiança Está Em Ti, Senhor

My Self- Confidence Is In You, Lord

Minha auto-confiança está em Ti, Senhor,
Minha esperança está em Ti, Senhor,
Minha confiança está em Ti, Senhor
Somente em Ti, em Ti

My self-confidence is in You, Lord.
My hope is in You, Lord.
My trust is in You;
Only in You, in You.

Sua Palavra me dá força,
Sua graça me sustenta,
Quando estou desanimada
Você me diz que vou superar!

Your Word gives me strength.
Your grace sustains me.
When I am discouraged,
You tell me that I will overcome!

Senhor, vou subir
Para lugares mais altos e ver
Sua glória e santidade
E descansar em Seu amor

Lord I will go up
To higher places and see
Your glory and holiness
And rest in Your love.

Você me tomará
Seguramente nos seus braços,
Amor Verdadeiro,
Eu te amo, meu Pai Celeste.

You will hold me
Securely in Your arms.
True love
I love You, my Heavenly Father.

Mais de Seu caráter eu preciso
Para mostrar Seu verdadeiro amor
Que sempre quero que as pessoas vejam em mim!

More of Your character I need
To show Your true love
I always want people to see You in me!

Eu Te agradeço pela Sua graça e força
E por sempre ver meu potencial!

I thank you for Your grace and Your strength,
And for always seeing my potential.

Minha segurança está em Ti, Senhor
Minha esperança está em Ti, Senhor
Minha confiança está em Ti, Senhor
Somente em Ti, em Ti!

My security is in You, Lord.
My hope is in You, Lord.
My Confidence is in You, Lord;
Only in You, in You!

25-08--09

Deus Eu Sei, Que Você Vai Me Curar
God, I Know That You Will Heal Me

Deus eu sei, que Você vai me curar
Vou confiar em Ti

> *God, I know that You will heal me.*
> *I will trust You.*

Vou Te louvar e Te buscar.
Vou ficar firme nas Tuas Promessas

> *I will worship You and seek You.*
> *I will stand on Your Promises.*

Vou Ficar firme nas Tuas Palavras.
Não vou deixar ninguém me desanimar.
Eu preciso de Ti, Senhor

> *I will stand firm on Your Words.*
> *I won't let anyone discourage me.*
> *I need You, Lord.*

Eu preciso da Tua Graça, Senhor.
Sempre me dá Tua Palavra, Tua Graça e Tua Paz

> *I need Your Grace, Lord.*
> *Always give me Your Word, Your Grace, and Your Peace.*

Vou confiar somente em Ti,
Porque Você é o melhor médico para mim!

> *I am only going to trust in You,*

Because You are the best doctor for me

Oh Deus, Meu Senhor, eu quero dizer: Eu vou superar e vou ganhar

God, My Lord, I want to say
I will overcome and win.

Que nenhuma circunstância, nenhuma doença vai me atrapalhar, Porque eu só estou olhando para Ti!

Not one circumstance, not one sickness will hinder me,
Because I am only looking at You

Eu vou sempre em frente, Não vou olhar para trás

I will always go ahead
I won't look back

Só vou deixar meus olhos no Senhor mesmo e sempre gritar: Deus, só Contigo eu vou superar e que essa batalha eu vou ganhar!

I will only keep my eyes on the Lord and always shout!
God, only with You will I overcome and win this battle!

Deus, eu sempre Te agradeço Por Tua graça e Tua força que Você me dá

God, I will always thank You,
For the Grace and strength that You give me.

Você Mantém Sua Palavra,
Você nunca vai me mentir

You are a man of Your Word.
You will never lie to me.

Você sempre me diz "confia somente em Você" e
Eu vou ganhar, vou superar e vencer!

You always tell me "to only trust in You." I will win and overcome.

Eu preciso de Ti, Senhor!
Eu preciso Tua Graça Senhor!

I need You, Lord.
I need Your Grace, Lord.

Sempre me dá Tua Palavra, Tua Graça e Tua Paz.
Vou confiar somente em Ti,
Porque Você é o melhor médico para mim!

Always give me Your Word, Your Grace and Your Peace.
I will only trust in You,
Because You are the best doctor for me!

20-08-09

Oh Senhor, Você é Meu Refúgio
Lord, You Are My Refuge

Oh Senhor, Você é meu refúgio
Em Sua presença, eu sou poderosa

Lord, You are my refuge.
In Your presence I am strong.

Sua Palavra me levanta
E quando eu não conseguir, Eu vou confiar em Você
Vou confiar em Você

Your Word lifts me up,
And when I don't achieve, I will trust in You.
I will trust in You.

Vou guardar Suas Promessas

I am going to remember Your Promises.

Agradeço ao Senhor pela Sua força e Sua graça que é suficiente para mim

I thank the Lord for His strength and His Grace that is sufficient for me.

Eu vou conseguir, eu vou conseguir

I will make it, I will make it.

Em minha fraqueza eu sou forte porque O Senhor está dentro de mim

In my weakness, I am strong, because the Lord is inside of me.

Eu vou conseguir e eu vou subir para lugares mais altos com Deus

I will make it and I will go up to higher places with God.

Deus é tudo para mim

God is my everything.

28-10-09

Deus, Meu Amigo Verdadeiro
God, My True Friend

Deus, meu amigo verdadeiro, Você sempre é fiel
Em todos os tempos. Fica ao meu lado
Me dando Tua força, segurando minhas mãos

God, my Best friend, You are always faithful.
All the time You stay by my side;
Giving me Your strength, holding my hands.

Coro:

Chorus:

Não há ninguém igual a Ti,
Tua Palavra dá a força para mim.
Na tempestade Você me segura,
Me falou que Contigo eu não vou me afogar

There is none equal to You.
You Word gives me strength.
In the storms You hold me.
You tell me that with You I won't drown.

Sempre vou ficar firme na Tua Palavra e
nas Promessas que Você me deu.
Não vou olhar para os lados,
Sempre vou olhar para a frente e não para trás

I will always stand firm on Your Word,
And the Promises that You gave me.
I won't look from side to side.
I will always look straight ahead and not look back.

Coro:

Chorus:

Não há ninguém igual a Ti,
Tua Palavra da a forca para mim.
Na tempestade Você me segura,
Me falou que Contigo eu não vou afastar

There is none equal to You.
You Word gives me strength.
In the storms You hold me.
You tell me that with You I won't drown.

É sempre Contigo, Deus, que eu vou conseguir.
Vou realizar os planos que O Senhor
já planejou para mim.
Me orienta no que eu preciso fazer,
Eu só quero ouvir e obedecer

God it's always with You that I will achieve.
I am going to see the plans that the Lord has for me come to be.
Tell me what I need to do.
I only want to hear and obey.

Coro:

Chorus:

Não há ninguém igual a Ti,
Tua Palavra dá a forca para mim.
Na tempestade Você me segura,
Me falou que Contigo eu não vou me afogar

There is none equal to You.
You Word gives me strength.
In the storms You hold me.
You tell me that with You I won't drown.

Deus, oh Poderoso Deus, Você sempre estará comigo, Você nunca me decepcionou, porque Seu amor me liberta.

God, oh mighty God, You are always with me.
You never let me down, because Your love sets me free.

27-10-09

Posso Ver Claramente Agora, As Barreiras Se Romperam
I Can See Clearly Now The Breakthrough Has Come

Posso ver claramente agora, as barreiras se romperam

I can see clearly now the breakthrough has come.

É tudo por causa do sangue de Cristo que vou vencer

It's all through the Blood of Christ that I will overcome.

Satanás adoraria me manter amarrado

Satan would love to keep me bound.

Mas é por causa do Sangue, Sangue, Sangue do Cordeiro
que vou vencer!

But it's by the Blood, Blood, Blood of the Lamb that I'll overcome!

É pelo Sangue, Sangue, Sangue do Cordeiro que vou vencer!

It's by the Blood, Blood, Blood of the Lamb that I'll overcome!

Me seguro unicamente na Palavra de Deus e Suas Promessas

My security is only in God's Word and His Promises.

Vou em frente alcançar alturas maiores

I'll move on to greater heights.

Porque pelo Seu Sangue vou vencer

'Cause by His Blood I will overcome.

Não, nada que este mundo possa jogar no meu caminho vai me manter subjugada

No, nothing that this world might throw my way will keep me down.

Porque é pelo Sangue, Sangue, Sangue de Jesus que vou vencer!

'Cause it's by Jesus' Blood, Blood, Blood that I'll overcome!

Porque é pelo Sangue, Sangue, Sangue de Jesus que vou vencer!

'Cause it's by Jesus' Blood, Blood, Blood that I'll overcome!

Não vou ficar distraída pelas circunstâncias que possam surgir

Won't become distracted with circumstances that arise.

Vou ficar focada na Cruz, perseverar na corrida e ganhar o prêmio

Keep focused on the Cross, run the race and win the prize.

Gritarei a Palavra de Deus quando os obstáculos aparecem

I'll cry out God's Word when the obstacles come.

Gritarei por mais da Sua graça

I'll cry out for more of His grace.

Vou ficar de olhos focados na cruz

I'll keep my eyes focused on the Cross.

Serei vitoriosa

I'll be victorious.

Ganharei o prêmio!

I'll win the prize.

Serei vitoriosa

I'll be victorious.

Ganharei o prêmio!

I'll win the prize!

23-10-09

Oh Deus, Meu Amado
God, My Lover

Oh Deus, meu amado
Você está dentro do meu coração

God, My Lover,
You are in my heart.

Eu Te amo, Eu Te louvo
Seu caminho eu quero tomar

I love You. I praise You.
Your way I want to take.

Meus olhos estão olhando para Você
Meus ouvidos precisam abrir

My eyes are on You.
My ears need to open.

Quero ouvir Sua voz e obedecer
Fale comigo, estou ouvindo

I need to hear Your voice and obey.
Talk to me, I am listening.

Deus me ajuda para deixar em Suas mãos
as coisas que me atrapalham

God, help me to put the things that hinder me in Your hands.

Quero ser transformada em Sua imagem
Vivendo e praticando Sua Palavra
Iluminando o caráter de Jesus

I want to be transformed into Your image;
Living and practicing Your Word;
Shining with Jesus' character.

Oh Deus, meu amado
Você está dentro do meu coração
Eu Te amo, Eu Te louvo
Seu caminho eu quero tomar

God, my Lover,
You are in my heart.
I love You. I praise You
Your way I want to take.

Sua Palavra me transforma
Ela me levanta

Your Word transforms me.
It lifts me up,

Sempre agradecerei: oh Deus, meu amado

I will always thank God, my Lover.

27-11-09

O Fogo Do Espírito Santo Vem
Holy Spirit Fire Come

O fogo do Espírito Santo vem
Queimar todas as nossas raízes más
Purificar nossos corações
Então, nossas vidas podem glorificá-lo

Holy Spirit Fire come.
Burn all our bad roots.
Purify our hearts so that our lives will glorify You.

O povo pode viver para O Senhor
Fazendo os milagres como a Bíblia diz
Orando e cantando em nome de Jesus
Chamando o povo para lugares mais altos com Deus

People can live for the Lord,
Doing miracles as the Bible says,
Praying and singing in Jesus' name,
Calling people to higher places with God.

Colocamos nossas vidas nas mãos do Senhor
Transforme-nos, purifique-nos para Sua glória!
Então, em lugares escuros nossas vidas podem trazer a Sua luz

We put our lives in the Lord's hands.
Transform us; purify us for Your glory!
So that our lives can bring Your light in the dark places.

Mais e mais o fogo do Espírito Santo nas nossas vidas

More and more of the Holy Spirit's fire in our lives.

A gente sempre vai trazer a Sua luz

We will always bring Your light.

Pregando e mostrando Sua Palavra para Seu povo

Preaching and showing Your Word to Your people.

Nossas vidas sempre iluminando o caráter de Jesus

Jesus' character will always shine in our lives.

Mais e mais o fogo do Espírito Santo nas nossas vidas

More and more of the Holy Spirit's fire in our lives

A gente sempre vai trazer a Sua luz

We will always bring Your light.

Pregando e mostrando Sua Palavra para Seu povo

Preaching and showing Your Word to Your people.

Nossas vidas sempre iluminando o caráter de Jesus

Jesus' character will always shine in our lives.

28-11-09

Sonda-Me
Search Me

Sonda-me, Usa-me, Quebra-me, Renova-me
E muda meu coração

Search me, Break me, Renew me and Change my heart.

Senhor, enche-me com Tua Palavra
Eu posso ver coisas claras

Lord, fill me with Your Word,
so I can see things clearly.

Eu quero andar em Teus caminhos
Abre para mim as portas

I want to walk in Your ways.
Open doors for me.

Usa Tua Palavra para falar comigo, Senhor
Fala comigo Senhor

Use Your Word to talk to me Lord.
Talk to me Lord.

Perdoa-me pelos meus pecados, meu espírito
de independência
Eu te dou minha vida

Forgive me for my sins and my independent spirit.
I give You my life.

Quero te obedecer, Senhor
Quero fazer Tua vontade, Senhor

I want to obey You, Lord.
I want to do Your will, Lord.

Com meus ouvidos e olhos abertos
Meu coração limpo

With my ears and eyes open,
My heart clean.

Quero ter o espírito de humildade
Senhor, quero Te obedecer e viver para Ti Senhor

I want to have a spirit of humility.
Lord, I want to obey You and live for You.

Sonda-me, Usa-me, Renova-me e muda meu coração

Search me, Use me, Renew me, and Change my heart.

17-12-09

O Amor Do Meu Deus
Love Of My God

Amor do meu Deus
Amor do meu Deus
Encha meu coração
Remova tudo o mal
Caminharei no Seu amor

The love of my God,
The love of my God
Fill my heart.
Remove all the bad.
I will walk in Your love.

Amor do meu Deus
Amor do meu Deus
Somente com Seu amor posso perdoar e
caminhar no Seu amor

The love of my God,
The love of my God,
Only with Your love I can forgive and walk in Your love.

O amor de meu Deus
Sempre transborde em mim
Transborda na minha mente
Transborda no meu coração
Caminharei no Seu amor

The love of my God
Always overflow in me.
Overflow in my mind.
Overflow in my heart.
I will walk in Your love.

Amor do meu Deus enche-me
Amor do meu Deus purifique-me
Então posso perdoar, posso amar
com o amor do meu Deus

The love of my God,
Fill me.
The love of my God,
Purify me.
Then I can forgive.
I can love
With the love of my God.

O amor do meu Deus
O amor do meu Deus
Encha meu coração
Remova tudo de mau
Caminharei no Seu amor

The love of my God,
The love of my God
Fill my heart.
Remove all the bad.
I will walk in Your love.

20-12-09

Eu Posso Ver Claramente Agora,E A Vitória Está Próxima

I Can See Clearly Now The Breakthrough Is Near

Eu posso ver claramente agora
a vitória está próxima
A Palavra de Deus está iluminada, os obstáculos no meu caminho
Sempre me falando para perseverar:
Fica firme, fica focalizado e creia
Fica firme, fica focalizando e creia

I can see clearly now the breakthrough is near.
God's Word is shedding light on obstacles in my way.
It keeps telling me to persevere.
Stand firm, stay focused and believe.
Stand firm, stay focused and believe.

Não olha para os outros porque eles não podem resolver.
Essas situações são para aumentar sua Fé
Confessa qualquer descrença que você tenha

Look not to others 'cause they can't resolve these situations.
They are to increase your faith.
Confess any unbelief that you have.

Deus diz "creia, creia, creia somente em Mim"
"Creia, Creia, Creia somente em Mim"

God said, "Believe, Believe, Believe solely in Me."
"Believe, believe, believe solely in Me."

Eu não tenho feito o que Eu disse que faço?
Lembre-se daquelas coisas impossíveis que eu realizei
Você sabe que Eu sou capaz, mas você tem um pouco
de dúvida
Lembre-se que Eu não sou homem que vai mentir, Eu
vou te ajudar
Eu sou seu Pai Celestial e Eu te amo!
Lembra que Eu não sou um homem que vai mentir, Eu
vou te ajudar
Eu sou seu Pai Celestial e Eu te amo!

"Have I not done what I said I would do?
Remember those impossible things I pulled you through.
You know I am able, but still have a little doubt.
Remember that I am not a man that lies, I'll see you through.
I'm your Heavenly Father and I love you!
Remember that I am not a man that lies, I'll see you through.
I'm your heavenly Father and I love you!"

Oh Senhor, confesso qualquer descrença que tenho
Ficarei na Sua Palavra
Me agarrarei a todas as promessas que Você me fez
Você disse "que farei os aleijados andar e os cegos ver"
andarei no Seu Poder e libertarei os presos!
Você disse "que farei os aleijados andar e os cegos ver"
andarei no Seu Poder e libertarei os presos!

Oh Lord I confess any unbelief that I have.
I'll stand on Your Word.
I'll cling to all the promises You made to me.
You said "I'll make the lame to walk and the blind to see."
I'll walk in Your Power and set captives free!
You said, "I'll make the lame to walk and the blind to see."
I'll walk in Your Power and set captives free!

Oh Senhor, tudo está em Suas mãos
Usa para mostrar Sua glória e Seu poder
Usa para chamar a gente para se aproximar da cruz
Por causa do Seu sangue que as vidas antigas
deles estão perdidas
Sim, as vidas deles são transformadas por causa
do poder da cruz
Por causa do Seu sangue que as vidas antigas
deles estão perdidas
Sim, as vidas deles são transformadas por causa
do poder da cruz

Lord, everything is in Your hands.
Use it to show Your glory and Your power,
Use it to draw people to the cross,
And that it's by Your blood that their old life is lost.
Yes they're transformed by the Power of the cross,
And that it's by Your blood that their old life is lost.
Yes they're transformed by the power of the cross.

Eu posso ver claramente agora
A vitória está próxima
A Palavra de Deus está iluminada, os obstáculos
no meu caminho
Sempre me falando para perseverar
Fica firme, fica focalizado e creia
Fica firme, fica focalizado e creia

I can see clearly now the breakthrough is near.
God's Word is shedding light on obstacles in my way.
It keeps telling me to persevere.
Stand firm, stay focused and believe.
Stand firm, stay focused and believe.

12-09

Senhor, Aqui Estou
Lord, Here I Am

Senhor, aqui estou
Use-me cada vez mais
Quero que minha vida mostre sempre o Seu caráter!

Lord, here I am.
Use me more and more.
I want my life to show Your character always!

Jesus, Oh Jesus

Jesus, Oh Jesus

Mais e mais da Sua Presença dentro de mim.

More and more of Your Presence inside of me.

Jesus, Oh Jesus

Jesus, Oh Jesus

Quero que Seu caráter me ilumine,
Seu Amor, Sua Graça e Sua Paz.

I want Your character to illuminate in me,
Your Love, Your Grace and Your Peace.

Jesus, Oh Jesus

Jesus, Oh Jesus

Oh Senhor, aqui estou
Um criado humilde quero ser

O Lord, here I am.
A humble servant I want to be.

Em tudo que faço
Só quero que as pessoas vejam o Senhor

In everything that I do,
I only want people to see the Lord

Jesus, Oh Jesus

Jesus, Oh Jesus

Cada vez mais da Sua presença dentro de mim.

More and more of Your presence inside of me.

Jesus, Oh Jesus

Jesus, Oh Jesus

Quero que Seu caráter me ilumine

I want Your character to illuminate in me.

Seu Amor, Sua Graça e Sua Paz

Your Love, Your Grace and Your Peace

Jesus, Oh Jesus

Jesus, Oh Jesus

Louvo Meu Deus
I Worship My God

Louvo meu Deus
Louvo meu Deus
Entrego minha vida
Coloco em Tuas mãos
Tira tudo de mau
Eu sempre louvarei meu Deus

I worship my God.
I worship my God.
I give you my life.
I put it into Your hands
Tear out all the bad.
I will always worship my God.

Adoro meu Deus
Adoro meu Deus
Senhor faça o que Você quiser
Eu estou aqui Senhor, usa-me
Eu sempre adorarei meu Deus

I praise my God.
I praise my God.
Lord, do what You want.
I am here, Lord, use me.
I will always praise my God.

Amo meu Deus
Amo meu Deus
Em todas as situações
Em todas as circunstâncias
Eu sempre amarei meu Deus

I Love my God.
I Love my God.
In every situation,
In all circumstances
I will always love my God.

03-01-10

Nunca vou esquecer como minha avó, que estava morrendo, reagiu quando eu a pedi para me perdoar pela profunda raiva que eu sentia por ela. Não só a pedi para me perdoar, mas lhe disse que não queria mais que qualquer forma de não-perdoar, raiva ou amargura me dominasse. Só queria que de mim o amor de Deus se derramasse.

I will never forget how my grandmother, who was dying, responded when I asked her to forgive me for the deep anger that I had towards her. Not only did I ask her to forgive me, but I told her that I didn't want any form of unforgiveness, anger, or bitterness to rule me anymore. I just wanted God's love to flow out of me.

Ela disse que sabia só de observar a mudança na minha aparência externa que eu estava sendo curada emocionalmente e que desejava que ela tivesse perdoado aqueles que a machucaram profundamente porque assim ela teria tido uma vida mais longa.

She said that she knew from looking at the change in my outward appearance that I was being healed emotionally and she wished that she had forgiven those who had hurt her deeply because then she would have a longer life.

É a minha oração que Deus restaure para você tudo que as circunstâncias lhe tiraram. Caminhe no perdão e no poder do amor de Deus.

It is my prayer that God will restore to you all that circumstances have taken away. Walk in forgiveness and in the power of God's love.